«El doctor Freddy Noble ... cisión bíblica. La iglesia d... que se maneje conforme al ... Los grupos celulares están justificados plenamente según vemos en el Nuevo Testamento para dar atención integral al discípulo de Cristo. Recomiendo el estudio de este libro como herramienta imprescindible para ser una iglesia más efectiva».

—**Otto Sánchez**
pastor principal de la Iglesia Bautista Ozama
República Dominicana

«El libro del pastor Noble es útil y práctico al llenar una necesidad para las iglesias que quieran saber cómo pueden desarrollar un ministerio de grupos pequeños eficiente y creciente. Freddy explica qué pasos seguir para desarrollar con éxito ese ministerio. Lo recomiendo tanto para pastores como para líderes, denominaciones y laicos interesados en la obra del Señor».

—**Dr. Bobby S. Sena**
consultor hispano del Comité Ejecutivo
de la Convención Bautista del Sur

«Extrayendo de su vasta y exitosa experiencia con células cristianas, el pastor Freddy Noble nos enseña en este libro razones y métodos bíblicos, históricos y prácticos para la implementación de células en la iglesia. A través de estas páginas, el autor nos guía paso a paso con sabiduría y claridad en todo lo que conlleva e implica el ministerio de células. Si usted es un pastor o líder en su iglesia, o incluso un cristiano deseoso de alcanzar a sus vecinos, familiares y amigos, este libro le abrirá un mundo de posibilidades para extender el reino de Dios en su entorno. Gracias pastor Noble por este valioso aporte a la iglesia».

—**Dr. Ramón Osorio**
Director de Relaciones Étnicas y Movilizador Nacional,
Junta de Misiones Norteamericanas (NAMB),
Convención Bautista del Sur

IGLESIA SIGLO 21

IGLESIA SIGLO 21

CULTIVAR COMUNIDADES BÍBLICAS POR
MEDIO DE GRUPOS PEQUEÑOS

FREDDY NOBLE

B&H
ESPAÑOL
NASHVILLE, TENNESSEE

Iglesia siglo 21: Cultivar comunidades bíblicas por medio de grupos pequeños

B&H Publishing Group
Nashville, TN 37234

Clasificación Decimal Dewey: 254
Clasifíquese: IGLESIAS

ISBN: 978-1-5359-4462-5
Impreso en EE. UU.
1 2 3 4 5 * 22 21 20 19

A Ketty, amada esposa
y compañera en la jornada de la vida.
A Mónica, Freddy y Liza, mis queridos hijos,
quienes me hacen sentir orgulloso como padre.

ÍNDICE

PRÓLOGO

No hay nada nuevo bajo el sol. Los grupos celulares en el hogar han existido por mucho tiempo. Carl George y Ralph Neighbor, dos pioneros del movimiento celular, escribieron sobre la iglesia celular a principios de los años noventa. Y antes de ellos a principios de la década de 1970, David Cho modeló el crecimiento de la iglesia celular en Corea y en todo el mundo. Pero Cho no comenzó el movimiento de la iglesia celular. Se apoya en los hombros de John Wesley y el movimiento metodista, a quienes ayudaron los moravos, quienes a su vez fueron fuertemente influenciados por los pietistas. Y todos ellos apoyan el énfasis del Nuevo Testamento en el ministerio de casa en casa y la celebración de la adoración (Hechos 2: 42-46; 20:20).

Entonces, ¿por qué otro libro sobre grupos celulares? Primero, cada generación necesita aprender nuevamente sobre la base bíblica del ministerio de grupos pequeños y su eficacia ahora.

En segundo lugar, este libro tiene un enfoque fresco y único en los grupos celulares. Da una perspectiva diferente sobre el ministerio de grupos pequeños que no está en otros libros. Equilibra lo histórico con lo práctico. Cualquier persona que comience en el ministerio de grupos pequeños puede usar este libro como una guía práctica. Y aquellos que son veteranos experimentados se sentirán alentados por su nueva visión. Este libro es una combinación única de investigación y práctica sólidas y puede servir como un manual para su futura incursión en la iglesia celular.

En tercer lugar, todos los consejos dados en este libro han sido practicados con éxito por la Primera Iglesia Bautista de Manhattan. Dios ha usado al Pastor Freddy Noble para hacer una transición a una Iglesia Bautista muy tradicional, basada en programas, para convertirse en una iglesia vibrante basada en grupos pequeños. La iglesia ha crecido de 200 a 1000 y de 5 grupos pequeños en 2003 a casi 100 en 2019. Y este crecimiento tuvo lugar en Manhattan, Nueva York, donde pocas iglesias sobreviven, y mucho menos, crecen.

Los grupos pequeños que el Dr. Noble presenta en este libro, y las prácticas en su iglesia, no son solo grupos pequeños que se reúnen ocasionalmente durante un semestre. No, sus pequeños grupos se asemejan a las iglesias en casas del Nuevo Testamento, que están íntimamente conectadas a la estructura general de la iglesia local. Desde el inicio de la transición a los grupos celulares en el hogar en 2003, Freddy y su esposa Ketty han dirigido su propia célula en su casa cada semana. Querían experimentar lo que esperaban que otros hicieran. También estoy impresionado con la consistencia de Freddy. No se ha movido de la visión celular desde que comenzó, disminuyendo la velocidad, agregando, perfeccionando y creciendo en la visión.

Freddy es un estudiante de toda la vida del ministerio celular e incluso ha obtenido un doctorado en el ministerio de grupos pequeños. Su iglesia es una de las iglesias más dinámicas, fructíferas y efectivas de los Estados Unidos. Su gente es madura, amorosa y orientada hacia el alcance. He enseñado en su iglesia cuatro veces durante un período de catorce años, por lo que lo que escribo proviene de la experiencia personal y la observación. También he tenido el privilegio de asesorar a Freddy en el ministerio de grupos pequeños durante muchos años y me sorprende su profundo compromiso con el ministerio celular y sus habilidades de liderazgo constante y visionario.

El libro que estás leyendo puede cambiar tu vida y tu ministerio. Los conocimientos presentados proporcionan información básica fundamental sobre grupos pequeños y consejos prácticos para el siguiente paso. Si estás dispuesto a estudiar las páginas y a tomar en serio esta enseñanza, tu vida y tu iglesia cambiarán para siempre.

—**Joel Comiskey**, PhD. Fuller Seminary
Joel Comiskey Group

CAPÍTULO 1

¿Qué son las células?

David Platt cuenta una anécdota en su libro *Una llamada compasiva a la contracultura*[1] que nos ayudará a ilustrar la importancia de fijar con claridad y precisión el significado de los puntos fundamentales del tema que queremos abordar. David Platt estaba en Alemania por asuntos ministeriales, y algunos compañeros durante un tiempo libre lo invitaron a jugar fútbol. La idea le pareció buena y aceptó gustoso.

Platt llegó al encuentro vestido con la ropa deportiva característica del fútbol americano y su balón ovalado, pero su sorpresa fue mayúscula al descubrir que los demás jugadores vestían pantalones cortos, no jugaban con las manos y pateaban un balón redondo. Era evidente que todos, menos él, entendían el fútbol de una manera diferente a la suya.

Hay muchos términos que pueden ser entendidos de formas bastante opuestas por diferentes auditorios. Por eso es

---

1. David Platt. *Una llamada compasiva a la contracultura*. (Carol Stream: Tyndale House Publishers, 2015), p. 149.

importante que al hablar de las «células» podamos definir con claridad a qué nos estamos refiriendo con ese término. Si lo definimos con exactitud, entonces podremos saber en qué dirección marchamos y si estamos en el camino correcto, ya que, por ejemplo, aunque las células son grupos pequeños, no todos los grupos pequeños son células.

¿Cómo podemos definir las células? Joel Comiskey, un conocido consultor en el tema de las células, ha estudiado el tema de manera exhaustiva. Después de haber estudiado las características de las iglesias celulares más exitosas del mundo, define las células como «un grupo de tres a quince personas que se reúnen semanalmente fuera del templo para edificación, evangelización y compañerismo, con el fin de multiplicarse».[2]

Analicemos la definición

Si descomponemos esta definición, descubriremos varias de sus características más sobresalientes. La primera tiene que ver con *el tamaño* de la célula. Comiskey dice que una célula está compuesta por un grupo de tres a quince personas. Es evidente que una célula es un grupo pequeño con un número reducido de integrantes, pero como dije hace un momento, no todo grupo pequeño es una célula.

Hace algún tiempo fui invitado por un pastor a predicar en una actividad evangelística donde hablaría en las diferentes células de la iglesia. Cuando llegué descubrí que, en promedio, cada célula estaba formada por alrededor de treinta a cuarenta personas. Durante varios días nos reunimos con esos grupos de varias decenas de personas. Era evidente que su idea de células no era igual a la propuesta por Joel Comiskey.

---

2. Conferencia dictada en la PIBHM.

Las células a las que me estoy refiriendo se componen de un mínimo de tres y un máximo de quince personas. En algunas iglesias limitan el máximo a doce y en otras a diez. La razón detrás de esta limitación es facilitar la intimidad y el compañerismo entre un número pequeño de personas.

No es difícil deducir que a medida que un grupo se hace más grande, las posibilidades de relaciones más estrechas entre sus miembros son menores. Es posible escondernos y pasar desapercibidos en medio de una pequeña multitud y convertirnos en meros espectadores que entran y salen sin que siquiera conozcan nuestros nombres. Por eso, una de las razones de ser del grupo celular es fomentar el compañerismo y la comunión entre los participantes, y para lograrlo, el grupo debe mantenerse reducido con el fin de que todos sus miembros puedan interactuar y conocerse de forma personal y cercana.

En un grupo grande existen menos oportunidades para que los miembros interactúen entre sí. A mayor número de personas en un grupo, menores son las posibilidades de una mayor cercanía de unos con otros. El grupo grande puede llegar a intimidarnos. Además, es muy probable que, dadas las limitaciones de tiempo en una reunión, los miembros tengan menos ocasiones de participar de forma individual. Es muy probable que sea más difícil prestar atención a las necesidades particulares de cada uno. Cuando el grupo se mantiene pequeño es más probable que podamos atender a cada uno de los participantes. También es más factible que se lleguen a conocer mejor unos con otros y así servirse unos a otros. Por supuesto que queremos que los grupos crezcan y que alcancen a un mayor número de personas con el evangelio, pero cuando esto ocurra será oportuno pensar en multiplicarse, creando dos grupos que se mantienen pequeños, facilitando así la comunión y participación de todos en ambos grupos.

Otra de las características fundamentales que debemos considerar en una célula tiene que ver con *la frecuencia* de las reuniones. Las células se reunirán cada semana durante todo el año, aunque habrá algunas iglesias que tendrán temporadas de reuniones celulares que luego permitirán períodos de descanso entre sus participantes. Sin embargo, como regla general, los miembros de las células se comprometen a reunirse una vez por semana. Esta frecuencia busca proveer consistencia al grupo y lograr que los miembros adquieran una rutina sana que le dé importancia a sus reuniones. Una iglesia celular es tanto la congregación que se reúne cada domingo, como las células reunidas en diferentes lugares durante la semana.

La reunión semanal de la célula se calendariza de forma oficial y sus horarios son fijos. Es cierto que pueden ocurrir eventualidades esporádicas que impidan la realización de la reunión en la fecha y hora establecida, pero se debe a razones de peso y no a una simple negligencia o a un desorden organizativo. Por ejemplo, al momento de escribir estas líneas, una gran tormenta de nieve está cayendo sobre la zona noreste de los Estados Unidos. Es muy probable que este fenómeno climático impida que las células puedan reunirse hoy. Si las condiciones climáticas cambiaran en los próximos días, se espera que se reúnan otro día de esta misma semana. Sin embargo, esto es algo circunstancial e inevitable. La costumbre debería ser fijar las reuniones semanales en una fecha y horario establecido con anterioridad y de forma sistemática. La regularidad y la consistencia en la reunión semanal es muy importante para alcanzar el desarrollo de la célula.

El siguiente elemento que analizaremos de la definición de Comiskey es *el lugar* donde se reúnen. Se nos dice que las reuniones se hacen «fuera del templo». Quisiera hacer notar que esta es una de las grandes diferencias entre lo que se conoce como grupos pequeños y lo que aquí estamos llamando células.

Hay grupos pequeños de la congregación que se reúnen en las instalaciones del templo para recibir clases de escuela dominical, para reuniones de discipulado o para reuniones de grupos homogéneos, como jóvenes o damas. También son considerados como grupos pequeños las reuniones del comité de finanzas o las reuniones de ensayo del grupo musical. Todas estas reuniones se hacen en las diferentes instalaciones del edificio de la iglesia.

Hace tiempo, un amigo pastor me invitó a predicar a su iglesia, y pasar unos días en su iglesia me dio la oportunidad de charlar con él. Mientras conversábamos sobre las células, afirmó que su iglesia estaba enfocada en grupos celulares. Como es un tema que me entusiasma, le pedí que me permitiera visitar alguna de esas reuniones.

Esa noche me llevó a la iglesia y me mostró todos los grupos que se reunían en las distintas dependencias del templo para compartir la Palabra de Dios y tener un tiempo de compañerismo. Eran grupos pequeños bastante dinámicos, pero no satisfacían los requerimientos de nuestra definición de células. Conforme a lo que hemos señalado, sus reuniones serán siempre fuera del templo. Esto no es solo una cuestión de gusto, sino que también existen buenas razones para hacerlo de esa manera.

La reunión de una célula se lleva a cabo en una casa o apartamento, pero también se puede realizar en un taller, en un salón de clases de una escuela, en las instalaciones de un hogar de ancianos o en cualquier otro lugar que pueda recibir hasta quince personas. Lo importante y no negociable es que sea ¡fuera del templo!

Debemos tener en cuenta que la evangelización es uno de los objetivos de la iglesia y, por consiguiente, lo es también de las células. Cuando ellas se reúnen fuera del edificio, el grupo celular tiene una mayor oportunidad de ponerse en contacto con no creyentes a los que podría evangelizar. En segundo lugar, es también muy probable que estas personas prefieran asistir a una reunión en un hogar o en una oficina, antes que reunirse en un templo evangélico. Muchas personas tienen muchos prejuicios en cuanto a entrar a un templo. Sin embargo, no tendrán mayores problemas en participar en un grupo celular que les queda cerca de casa o en instalaciones que no tienen asociación religiosa alguna.

Las células de nuestra iglesia se reúnen en muchos lugares. Algunas realizan sus reuniones regulares en hogares para ancianos, otras en talleres de mecánica automotriz, en salones de belleza y escuelas. Lo importante, como ya lo hemos recalcado, es que la célula se lleve a cabo fuera del ámbito del edificio de la iglesia. No puede considerarse como célula a un grupo que se reúne para una clase de escuela dominical, una clase de discipulado o una reunión de un comité en las instalaciones de la iglesia. La célula, por definición y por el par de razones ya expuestas, se reúne en lugares fuera del templo.

La siguiente parte de nuestra definición tiene que ver con los *propósitos* de las células. En la definición que estamos analizando se dice que las células se reúnen «para comunión, evangelización y edificación». Podríamos afirmar sin temor a equivocarnos que las células se reúnen para cumplir con las funciones propias de la iglesia, pero en el contexto de un grupo pequeño.

Uno de los objetivos de las células es el compañerismo o la comunión entre los creyentes. El Nuevo Testamento nos exhorta repetidamente a amarnos y nos anima una y otra vez a la unidad en el cuerpo de Cristo. De la iglesia primitiva se afirma, por ejemplo, que «...perseveraban [...] en la comunión unos con otros...» (Hech. 2:42).

El compañerismo y la comunión son importantes en el cuerpo de Cristo porque el Nuevo Testamento nos enseña que es una de las funciones básicas de la Iglesia. Las células promueven el compañerismo de toda la iglesia, pero desde la realidad de la comunión cercana de un grupo con pocas personas. Cuando los hermanos tienen la oportunidad de reunirse semanalmente, conocerse bien, compartir juntos, y hablar y orar unos con otros, no hay duda de que el efecto resultante será la estimulación del compañerismo entre ellos. Los hermanos pueden reír y llorar juntos en sus células, fomentando y haciendo posible el sentido de pertenencia que se debe vivir en el cuerpo de Cristo.

Si el verdadero compañerismo y el amor cristiano se promueven entre todos los miembros de la célula, ellos no solo estarán dispuestos a celebrar sus reuniones regulares, sino también a tener reuniones especiales que les permitan conocerse mejor, servirse unos a otros y estimularse unos a otros «…al amor y a las buenas obras» (Heb. 10:24).

Aunque el compañerismo y la comunión mutua son fundamentales en la vida cristiana, no son los únicos propósitos de las células. Cuando el compañerismo y la comunión entre los hermanos se convierten en un obstáculo para llevar adelante el mensaje del evangelio a los demás, la célula termina encerrándose en sí misma y dejando de cumplir con la evangelización, que es uno de sus más importantes objetivos.

Dentro de esos mismos propósitos también está la edificación, que incluye la preocupación por alentarse unos a otros en el crecimiento cristiano, edificando la fe con el conocimiento de la Palabra de Dios y también el cuidado mutuo en el caminar y el testimonio cristiano. Compartir y aprender juntos de la Palabra de Dios en el contexto de la reunión semanal es parte de este propósito. Dentro de este propósito también está confesar las faltas unos a otros, aconsejarse mutuamente y orar unos por otros (Sant. 5:16).

El grupo debe estar enfocado y debe buscar que sus actividades celulares los hagan crecer «... en el conocimiento de Dios» (Col. 1:10). Durante la semana los hermanos se reúnen para este propósito, cumpliendo así con uno de los objetivos fundamentales de la iglesia. Sin embargo, cuando la célula se reúne de manera exclusiva para edificarse en la fe, pero pierde de vista el compañerismo entre ellos o el alcanzar a otras personas que no conocen a Cristo, se está perdiendo una parte importante de su visión y su razón de ser.

He conocido de casos de iglesias que se centraron en uno solo de estos propósitos, ya sea la oración, el estudio bíblico o el discipulado, sin buscar satisfacer ningún otro de los propósitos. Por ejemplo, esas iglesias solo reúnen sus grupos pequeños para guiarlos en la lectura y reflexión sobre algún libro interesante o algún material edificante, pero sin ninguna preocupación por tratar de comunicar la Palabra de Dios a personas fuera del grupo que no conocen a Cristo. La edificación y la comunión son elementos importantes del propósito de las células, pero, quisiera recalcar que no son su única razón de ser.

Las células deben existir como pequeños grupos que se dispersan por el mundo para proyectar la luz de Cristo. Como hemos dicho, una de las razones por las que las células se reúnen fuera del templo es porque queremos acercarnos a los que no conocen a Cristo y tener la oportunidad de compartirles el evangelio del Señor. Por eso repito que uno de los propósitos de las células es buscar y atraer a las personas que no conocen el evangelio para compartir de Cristo con ellos. La célula pierde una buena parte de su razón de ser si pierde este elemento evangelizador fundamental.

Como ya lo hemos mencionado, la tendencia de los grupos pequeños es cerrarse en sí mismos acomodándose unos con otros, sin estar dispuestos a buscar o siquiera permitir la entrada de personas nuevas. Por eso es que siempre se debe recalcar en la célula que sus miembros deben servir como instrumentos para alcanzar a otras personas que no conocen al Señor. Las células son las trincheras de la iglesia para cumplir la gran comisión de Jesucristo (Mat. 28:18-20).

Los miembros necesitan incorporar en su visión la idea de que su existencia como célula no está dirigida solamente a ellos mismos, sino también y ante todo, a aquellos que les rodean y que permanecen todavía en las tinieblas de la incredulidad y el pecado. El líder de la célula es responsable de recalcar este privilegio y responsabilidad ante el grupo de forma permanente, mostrando que uno de sus propósitos principales es alcanzar a otros con la Palabra de Dios.

El último elemento que debemos analizar es el objetivo final de la multiplicación. De la misma manera que las células del cuerpo se multiplican, así también las células de la iglesia, como unidades básicas del cuerpo de Cristo, deben multiplicarse. La multiplicación se llevará a cabo a través de la evangelización y el discipulado, que deberá causar un crecimiento espiritual y numérico que produzca tracción para una mayor multiplicación. Una célula saludable nace, crece y se multiplica. Las células deben tener como objetivo fundamental la multiplicación desde su mismo inicio. Este debe ser un énfasis primordial desde el principio.

Quisiera recalcar una vez más que es muy común que los grupos se resistan a multiplicarse debido a que tienden a acomodarse entre ellos mismos porque han logrado una relación sólida e íntima, y temen que eso se dañe o se pierda con la llegada de desconocidos. Sin embargo, la evangelización efectiva requerirá y producirá el surgimiento de nuevos grupos que volverán a buscar los objetivos señalados entre ellos.

La multiplicación de células permitirá que nuevas familias y vecindarios enteros tengan la oportunidad de recibir el testimonio del evangelio. La multiplicación de células es uno de los factores que hace posible la evangelización y el discipulado. Si mantenemos claro el propósito de la evangelización, del discipulado, del compañerismo y de la comunión, los miembros de las células no se sentirán amenazados con la llegada de otros o la intención de llegar a otros, ni por la multiplicación de nuevas células. Por el contrario, el compañerismo y la comunión facilitarán el mostrar el evangelio tal como lo manifestó nuestro Señor Jesucristo, «En esto conocerán todos que sois mis discípulos, si tuviereis amor los unos con los otros» (Juan 13:35). Siempre será posible multiplicarse, y tanto el líder como los miembros de las células deben estar continuamente enfocados en ese principio.

Clasificación de las células

Las células pueden clasificarse según su funcionamiento y composición.[3] Las células según su funcionamiento se clasifican en células fijas, móviles e itinerantes. Las células fijas son las que operan en un mismo lugar y horario: una casa, un taller o un aula. Cada semana el grupo se reúne a una hora determinada. La ventaja de este tipo de célula es que todos tienen la información del lugar y horarios fijos, facilitando la participación y la promoción de la reunión.

Las células móviles son las que se reúnen en un lugar diferente cada semana, repitiendo, por lo general, el ciclo de manera mensual. Por ejemplo, se reúnen en el hogar de los

---

3. Ver Salvador Sabino, *Células de Koinonia* (Miami: Editorial Vida, 2003), pp. 53-70.

Rodríguez la primera semana del mes, donde los Gómez la segunda, donde los Pérez la tercera y donde los Sánchez la última semana del mes.

La ventaja de las células móviles es que las personas que se sienten más a gusto con cierta familia o viven más cerca de la casa, tendrán la oportunidad de asistir con mayor facilidad. Muchas veces el grupo descubre que las reuniones producen mejores resultados en uno de los hogares, por lo que convierten ese hogar en una célula fija. Lo contrario también podría ocurrir. Si la célula es fija, podría convertirse en móvil para dar mayores facilidades a las familias nuevas para que puedan asistir una de las semanas a una reunión que les quede más cerca, o con una familia con la que se sientan más a gusto.

Por último, la célula itinerante es aquella que responde a una necesidad específica. Está formada por un grupo de hermanos que están dispuestos a asistir y satisfacer una necesidad específica. Por ejemplo, una persona que visita la iglesia puede pedir una reunión en su hogar porque tiene una necesidad especial. La célula itinerante puede organizar esa reunión y ayudar a esa familia. Al igual que en los otros casos, una célula itinerante podría dar origen a una célula fija o móvil en un hogar.

Por otro lado, las células pueden calificarse según su composición, como homogéneas o heterogéneas. Las primeras están compuestas por personas que tienen las mismas edades, sexo, interés u ocupación. Muchas iglesias tienen sus células organizadas de forma homogénea con grupos de hombres, mujeres, jóvenes y niños. En otras se dividen por estudiantes, empresarios o matrimonios. La ventaja de estas células es que se facilita la comunicación dado que existen intereses comunes y se pueden tratar diversos asuntos con un mayor grado de comprensión o intimidad.

Las células heterogéneas se componen de personas de ambos sexos, distintas edades e intereses. Algunos las llaman células familiares. La ventaja radica en que mantienen la integración natural de la familia, permitiendo que hombres, mujeres y niños puedan reunirse para edificarse y servir juntos.

Muchas iglesias combinan ambos tipos de células según su necesidad. El liderazgo de la iglesia deberá evaluar lo que sea mejor y más práctico para ellos en cada contexto donde trabajan, pero siempre dentro de una perspectiva claramente bíblica.

En nuestro caso particular, hemos decidido combinar los dos tipos de células. Aunque la mayoría son heterogéncas, tenemos algunas que de forma específica están compuestas por jóvenes y otras que son los células infantiles, en las que un adulto conduce la reunión e imparte la enseñanza a los niños. Esto nos ha permitido enfocar las enseñanzas a las necesidades particulares de ambos grupos. En ocasiones, una célula heterogénea o familiar puede dar origen a una célula homogénea.

En conclusión, la intención de este capítulo ha sido clarificar lo que son las células a luz de la definición de Joel Comiskey. Esta clarificación permitirá tener un enfoque claro del ministerio celular que estamos proponiendo en este libro. Algunas iglesias prefieren emplear el término «grupos pequeños» para lo que aquí denominamos «células». Ello no tiene mayor importancia siempre que conservemos los elementos básicos de la definición que acabamos de mencionar. Es decir, que el grupo sea realmente pequeño para que pueda facilitar la comunicación y el compañerismo; que se reúna semanalmente para facilitar la consistencia; que lo haga fuera del templo para propiciar la evangelización y que a la vez tenga en mente la edificación de los creyentes. Finalmente, que desde el inicio tenga como propósito la multiplicación, para seguir alcanzando nuevas familias o sectores de la ciudad.

Preguntas de Repaso

1. ¿Qué son las células?

2. ¿Cómo le ayuda la definición en su comprensión del tema?

3. Analice la definición.

4. Según estos criterios, ¿califican todos los grupos pequeños como células?

5. ¿Qué criterios debemos tener en cuenta para considerar un grupo como una célula?

6. ¿Cómo se pueden clasificar las células?

7. Piense en alguna otra manera de clasificar las células.

8. ¿Cómo le ha ayudado este capítulo en su entendimiento del tema?

CAPÍTULO 2

¿Qué dice la Biblia de las células?

Los cristianos creemos que el fundamento de nuestra fe y conducta se encuentra en la Escritura. Nuestra mayor convicción es que toda la Biblia es inspirada por Dios, inerrante e infalible. Eso significa que tenemos la completa seguridad de que la Biblia provee nuestras convicciones doctrinales, y que de ella se desprende nuestra conducta diaria y nuestras prácticas eclesiásticas. La Biblia debe guiarnos en todos los aspectos de fondo y forma de nuestro ministerio como iglesia. Como bien dice Ralph Neighbour: «la teología engendra la metodología».[1]

Es importante también reconocer que la Escritura no es lo suficientemente específica en ciertas áreas en las que, tal vez hoy, hubiéramos querido más detalles en cuanto a la vida y práctica de la iglesia. Sin embargo, las instrucciones que tenemos son suficientes para organizarnos y cumplir con los propósitos de Dios para cada congregación. Las iglesias pueden organizar su

---

1. Ralph Neighbour, *Where do We Go From Here?* (¿A dónde vamos desde aquí?) (Houston: Touch Publications, 1990), p. 93.

actividad ministerial teniendo en consideración diversos criterios. La organización de una iglesia es diversa, pero eso no significa que solo cuando está organizada de una forma particular
y única estará cumpliendo los propósitos y las funciones para
las que fue establecida.

Por ejemplo, muchas iglesias se organizan por departamentos. Así, encargan la promoción de sus finanzas al departamento que lleva ese nombre. La obra misionera al de misiones,
la música al departamento de música, etc. Una modalidad de
esta forma de organización es el nombramiento de comisiones
a cargo de cada área de trabajo. Otra manera de organizar la
iglesia es a través de las «funciones» o lo que Rick Warren llama
«los propósitos» de la iglesia. Así, la iglesia funciona en torno
a grupos organizados para cumplirlos a través de la evangelización, adoración, comunión, enseñanza y servicio. Otra manera
de organización es la que se da a través de los dones espirituales.
De esa manera los miembros trabajan alrededor de tareas afines
a lo que consideran sus dones espirituales.

Mi más profunda convicción es que una de las prácticas
de la Escritura que está más claramente establecida para la vida
de la iglesia es la organización de células.[2] Le presentaré a continuación cómo esta práctica se vislumbra durante el tiempo
de Moisés, el ministerio de Jesús, la iglesia primitiva y cómo se
puede observar en las epístolas del Nuevo Testamento:

Jetro y la división de la carga ministerial

Jetro, el suegro de Moisés, visitó a Moisés mientras estaba con
el pueblo en el desierto (Ex. 18). Él tuvo la oportunidad de

---

2. Joel Comiskey, *Fundamentos bíblicos para la iglesia basada en células*
   (Moreno Valley: CCS Publishing, 2013).

observar el enorme trabajo ministerial de Moisés y la enorme carga que un solo hombre llevaba sobre sus hombros. Por eso, se atrevió a sugerirle que organizara al pueblo en grupos de 10, 50, 100 y 1000, y que colocara líderes aprobados que encabezaran cada uno de esos grupos.

El propósito para tal división era que «los asuntos pequeños» de la enorme congregación de Israel fueran tratados por estos hombres a quienes se les delegaría cierta autoridad, mientras que los asuntos más importantes se los llevarían a Moisés para que los resolviera. Así, Moisés tendría más tiempo para continuar enseñando las leyes y preceptos a Israel. Esta sugerencia probablemente salvó a Moisés de una carga laboral que tenía el potencial de destruirlo, causar un gran caos y terminar dispersando al pueblo.

Las células operan bajo ese mismo principio de organización y autoridad delegada. Por ejemplo, el pastor coreano David Yonggi Cho desarrolló este ministerio celular con gran éxito a nivel nacional e internacional luego de estudiar y aplicar este pasaje bíblico a su propio ministerio. Luego de experimentar un gran crecimiento en su iglesia, la carga del trabajo ministerial fue tan grande que incluso lo llevó a enfermarse. Descubrir este principio de la división de la carga ministerial a través de las células sobre la base de este texto le permitió, no solo salvar su salud, sino también su ministerio y así expandir su trabajo.[3]

La idea fundamental que se desprende del consejo de Jetro es que las células se organizan como grupos pequeños a cargo de un líder o servidor. Estos grupos suplen parte del trabajo de atención a la iglesia que no puede ser hecho por uno o por un grupo mínimo de ministros. La autoridad delegada y el

---

3. David Yonggi Cho. *Los grupos familiares y el crecimiento de la iglesia* (Miami: Editorial Vida, 1982), pp. 09-31.

principio de organización y atención de la iglesias a través de las células se derivan de este pasaje.

Jesús usó el ambiente del hogar para desarrollar su ministerio

Un recorrido por los Evangelios pone en evidencia el hecho de que nuestro Señor Jesucristo ministraba a la gente donde ellos se encontraban. Por ejemplo, lo encontramos junto al mar de Galilea donde predicó y enseñó a las multitudes (Mar. 1:14-20). Lo encontramos en el campo donde instruyó a miles de personas durante el sermón del monte o cuando multiplicó los panes y los peces (Mat. 5:1; 14:13-21). Lo vemos también en las sinagogas donde impartió enseñanzas «…como quien tiene autoridad, y no como los escribas» (Mar. 1:21-22) y en el templo donde enseñó a la gente que se congregaba allí para adorar (Mar. 11-13).

Pero también es cierto que muchas veces hallamos al Señor Jesucristo instruyendo a sus discípulos o hablando a mucha gente en el ambiente de un hogar. Lo vemos en la casa de Marta, María y Lázaro (Luc. 10:38-42), en el hogar de Mateo (Mat. 9:9-13) o en la residencia de Zaqueo (Luc. 19:1-10). El Señor visitó la casa de Jairo (Luc. 8:51-56) y el hogar de Simón Pedro (Mar. 1:29-31). Él hizo milagros en ambas casas. También lo vemos en la casa de Simón el fariseo (Luc. 7:36-50) y se reunió con sus discípulos para celebrar la Pascua en el aposento alto de la casa de un conocido (Luc. 22:7-23). El gran milagro del paralítico que fue descendido por sus amigos desde el techo no sucedió en el templo o en una sinagoga, sino en una casa en Capernaúm (Mar. 2:1-12).

No hay duda de que Jesús empleó muchas casas de familias para llevar adelante su ministerio. Por eso me pregunto,

¿no podríamos nosotros hacer lo mismo? La forma en que usó los hogares para desarrollar su ministerio es una de las áreas en donde podríamos decir con Pedro que Jesús nos dejó ejemplo «...para que sigáis sus pisadas» (1 Ped. 2:21). La estrategia ministerial de Jesús incluyó el contacto con la gente en los caminos, en lugares abiertos y en sinagogas, pero también con mucha frecuencia en diferentes casas. Esto podría convertirse para nosotros en un modelo de ministerio que impediría que limitemos la práctica ministerial y el desarrollo de la vida de la iglesia a las cuatro paredes de un edificio. No podemos encerrar la enseñanza de la Palabra de Dios solo al templo, sino que también, siguiendo el ejemplo de Jesús, debemos llevarla a los caminos, a las calles y por sobre todas las cosas, a las casas; a los hogares donde se le facilita a la gente reunirse en un ambiente familiar y oír así el evangelio de Jesucristo.

La iglesia primitiva creció en las casas de sus miembros

La iglesia primitiva nació en el aposento alto de una casa (Hech. 1:13). Allí el Señor reunió a 120 hermanos que permanecían en oración mientras esperaban la visitación prometida del Espíritu Santo.

El derramamiento del Espíritu en Pentecostés fue acompañado de un ruido estruendoso y señales visibles que proclamaban el inicio de una nueva era para el pueblo de Dios basado en la obra completa de redención de nuestro Señor Jesucristo. Aquello llamó poderosamente la atención de judíos y prosélitos que habían llegado de todas partes del imperio para adorar en el templo. Una multitud de personas curiosas se empezó a congregar. Entonces los discípulos empezaron a comunicar «las maravillas de Dios» en los diferentes idiomas de los que estaban allí (Hech. 2:1-13).

Pedro tomó la palabra y comunicó el mensaje del evangelio que produjo la conversión de más de tres mil personas que luego se bautizaron como declaración pública de su fe. Lucas entonces comenta que ellos «...perseveraban en la doctrina de los apóstoles, en la comunión unos con otros, en el partimiento del pan y en las oraciones» (Hech. 2:42).

Un poco más adelante se nos dice que los discípulos perseveraban «...unánimes en el templo...» y que además partían «...el pan en las casas...» (Hech. 2:46). La primera referencia hace alusión al hecho de que los primeros cristianos se reunían en uno de los atrios del templo de Jerusalén donde solían reunirse los rabinos para enseñar a sus discípulos. Así que ellos aprovechaban ese amplio lugar para proclamar el mensaje del evangelio y orar.

Pero también se reunían en las diferentes casas de algunos de sus miembros. Lucas lo presenta como una práctica natural y satisfactoria porque en ese ambiente más íntimo se podía celebrar al Señor, tener comunión mutua y dedicar tiempo a la enseñanza y a la exhortación. La referencia al partimiento del pan es una alusión a la Cena del Señor que se celebraba en el contexto de estas reuniones caseras.

Es importante observar que se dice como conclusión de ese párrafo que «...el Señor añadía cada día a la iglesia los que habían de ser salvos» (Hech. 2:47). Mientras el versículo 46 habla de «casas» en plural en alusión a la multiplicidad de hogares donde los discípulos se reunían, el 47 habla de la iglesia en singular. Es decir, en el caso del modelo de Jerusalén, había muchas reuniones en las casas, pero era una sola iglesia.

Un buen resumen de la vida y práctica ministerial de la iglesia primitiva en Jerusalén lo constituye este resumen entregado por Lucas: «Y todos los días, en el templo y por las casas, no cesaban de enseñar y predicar a Jesucristo» (Hech. 5:42). Este versículo resume lo que era la vida y la práctica de la iglesia de Jerusalén. Los creyentes no solo se reunían en los atrios del templo de Jerusalén, el cual era bastante amplio para poder reunir a toda esa iglesia creciente, sino que de manera preferente, realizaban sus reuniones para adorar al Señor y edificarse mutuamente en diferentes hogares. Es notable que un grupo numeroso de varios miles de personas no podían reunirse en un número mínimo de casas, y también es evidente que los apóstoles no podían estar siempre en todas las casas que se reunían diariamente para aprender y tener comunión mutua.

Bastaría hacer un simple ejercicio matemático para ver cuántas casas estaban abiertas para recibir y permitir la comunión de varios miles de miembros que conformaban la iglesia de Jerusalén. Es poco probable que hubieran muchas casas como la del aposento alto que podía congregar a 120 personas. Imaginemos (esto es hipotético) que una casa pudiera recibir a un número máximo de 25 personas. Si la iglesia de Jerusalén solo contara con 3000 miembros, se necesitarían unas 120 casas activas para poder congregar a todos los miembros diariamente. Podríamos deducir, entonces, que la iglesia de Jerusalén desde sus mismos inicios, tuvo un liderazgo numeroso que iba más allá de los apóstoles y que probablemente tuvo muy activos a los 120 primeros discípulos de Jesús. Y ese número seguía creciendo rápidamente.

Otro ejemplo característico en el Libro de los Hechos es la reunión celular que organizó el centurión Cornelio en su casa en Cesarea (Hech. 10:24). Tenemos lo que sería considerado como la típica reunión de una célula moderna puesto que Cornelio invitó al encuentro con Pedro a «sus parientes y amigos más íntimos». Podríamos inferir que luego de esa reunión que terminó en conversión y bautismo de muchos, nació y luego se reunió la iglesia de Cesarea.

Los hogares también ocuparon un lugar importante durante los viajes misioneros de Pablo. Lidia se constituyó como anfitriona de Pablo y sus compañeros, y en la casa del carcelero de Filipos se enseñó la Palabra y se realizaron bautismos. Es probable que ambos hogares hayan servido de punto de reunión para la iglesia de Filipos (Hech. 16).

Pablo muestra la importancia de los hogares de los miembros para el desarrollo del ministerio cuando al hacer un recuento de su ministerio en Asia, señala que no había dejado de anunciar el consejo de Dios «...públicamente y por las casas» (Hech. 20:20). En definitiva, los hogares no ocuparon un lugar secundario, temporal u opcional en el desarrollo ministerial de la iglesia primitiva. Por el contrario, ocuparon un lugar central y preeminente para la comunión, edificación, evangelización y crecimiento de la iglesia.

Las epístolas del Nuevo Testamento fueron escritas a iglesias que estaban en hogares

Las epístolas del Nuevo Testamento dan testimonio del lugar importante que tenían los hogares que servían como iglesias durante el primer siglo del cristianismo. Leemos, por ejemplo, en los saludos de la carta a los Romanos, que Pablo habla de sus colaboradores Aquila y Priscila y pide que saluden «...a la iglesia de su casa...» (Rom. 16:5). En esa misma carta hace referencia a Gayo, quien dice que hospeda a Pablo y a «...toda la iglesia...» (Rom. 16:23).

En la carta a los Corintios también Pablo señala de nuevo a Aquila y Priscila y dice que «...la iglesia que está en su casa...» saluda a los hermanos (1 Cor. 16:19). En Colosenses pide que se salude a Ninfas «…y a la iglesia que está en su casa» (Col. 4:15) y en Filemón 2 saluda a Arquipo «…y a la iglesia que está en tu casa» (Filem. 1:2).

David deSilva, un experto en Nuevo Testamento, nos muestra el patrón del ministerio paulino cuando dice, «La iglesia de Corinto era en realidad una colección de iglesias en las casas patrocinadas por numerosos convertidos pudientes que poseían casas suficientemente grandes para acomodar pequeñas células de la iglesia. Este es el patrón a través del cristianismo paulino». Luego añade más adelante, «Estos grupos celulares se reunían como una asamblea completa de tiempo en tiempo en la casa de Gayo, "hospedador de toda la iglesia"».[4]

Este breve análisis nos puede llevar a inferir que las iglesias a las que se escribieron las epístolas del Nuevo Testamento, eran congregaciones que fluctuaban con una membresía de entre 20 a 50 personas y que se reunían en casas de familias. Podríamos deducir también que todos esos mandamientos recíprocos que leemos en las cartas, presuponen un ambiente y un tipo de relaciones que se podría encontrar en el contexto de una reunión en una casa de familia.

Aunque ahora algunos pastores están acostumbrados a ejercer su ministerio pastoral en congregaciones relativamente grandes, es poco probable que la tarea de exhortarse, enseñarse o consolarse «unos a otros» pueda realizarse con efectividad solo cuando la iglesia se reúne en grandes asambleas y con los cristianos sentados en filas y sujetos a un programa impersonal, pasivo e invariable. Muchas de las personas que llegan a esos servicios pueden entrar, participar y salir sin haber tenido la oportunidad de interactuar de una manera significativa con ningún otro hermano en la fe.

---

4. David A. deSilva, *Introduction to the New Testament* (Downers Grove: Intervarsity Press, 2004), p. 562.

En conclusión, hemos podido observar claramente en el ministerio de Moisés y en el ejemplo del ministerio de Jesús y de los creyentes de la iglesia primitiva, un modelo válido para que la iglesia de hoy emplee los hogares como centro de ministerio, sin dejar de reunirse en un edificio que pueda albergar a toda la congregación semanalmente. Sin duda, el Nuevo Testamento nos muestra que era una práctica acostumbrada, y por lo tanto, nos provee un modelo válido a seguir por la iglesia de todos los tiempos. Creo que pocos podrían negar, a la luz de la evidencia, la importancia de los hogares en el desarrollo de la iglesia.

Usar las casas no es una novedad, sino una estrategia bíblica

Es probable que algunos pudieran argumentar que el empleo de hogares como centros de adoración y comunión para la iglesia del primer siglo fue consecuencia de una estrategia obligada o impulsada por las circunstancias históricas de la época. Es evidente que el evangelio de Jesucristo encontró amplia resistencia no solo entre el pueblo judío, sino también en todo el Imperio romano.

Las autoridades romanas no tardaron mucho en notar que el movimiento cristiano estaba creciendo a lo largo y ancho de todo el imperio. El mensaje y el estilo de vida proclamado fue rápidamente considerado como sedicioso y contrario a la *Pax Romana*. Las grandes persecuciones en contra de los cristianos no se hicieron esperar. Los cristianos fueron tolerados por momentos, perseguidos muchas veces, y pronto el cristianismo fue proscrito en términos generales. Por lo tanto, no es extraño que algunos piensen que la razón por la que la iglesia tuvo que refugiarse en las casas fue de índole circunstancial.

Pero podemos tener una lectura contraria de ese fenómeno. Para los cristianos no existen circunstancias ni casualidades. Tenemos una profunda convicción en la soberanía y la providencia de Dios que nos lleva a entender que Él maneja los hilos de la historia y que, por lo tanto, esa situación particular no escapaba de su control. Podríamos concluir entonces, que fue más bien la estrategia divina la que generó las circunstancias históricas que impulsaron a la iglesia a reunirse en las casas de familias.

Esa estrategia divina fue la que permitió que cientos de miles de personas de diferentes estratos sociales, culturales y políticos del Imperio romano se pusieran en contacto con el evangelio de Jesucristo y fueran alcanzados con la Palabra de Dios. La estrategia divina que produjo amplios resultados durante aquella época es la misma que el día de hoy los creyentes pueden y deben utilizar, impulsados por esa misma convicción y esperando la misma fructificación.

Otra objeción al modelo bíblico de reuniones en los hogares es que, por ejemplo, las prácticas presentadas en los Evangelios, los Hechos y las epístolas no son de carácter doctrinal, sino histórico. Por lo tanto, se concluye que sus prácticas y ejemplos no nos deben impulsar a imitarlos. Sin embargo, ese razonamiento no es válido. En primer lugar, si bien esas secciones de la Escritura son de carácter histórico, no cabe ninguna duda de que son teológicos en términos de sus intenciones. No fue el objetivo de los autores sagrados el contarnos una historia por el solo hecho de la narración, sino que, como lo demuestra el prólogo del Evangelio de San Lucas, así como el final del Evangelio de San Juan, los autores cristianos tuvieron en mente objetivos claramente teológicos.

Los Evangelios y el Libro de los Hechos son sin duda documentos que tienen una intención teológica. Así como aprendemos en los Evangelios del método de discipulado de Jesús a través del contacto personal e íntimo con el grupo de los doce, y de los tres dentro de ese núcleo, podemos también aplicar su ejemplo de ministerio en los caminos y en las casas como modelo de trabajo para la iglesia local.

De la misma forma que podemos aplicar en la iglesia de hoy los principios generales utilizados por Pablo en sus viajes misioneros para la labor misionera contemporánea, también podemos rescatar el aspecto dinámico y móvil del trabajo de las iglesias en casas, donde los cristianos se reunían de manera cotidiana.

En el mismo sentido, la utilización de las casas como modelo de trabajo para la iglesia contemporánea a partir del modelo de los Evangelios y el Libro de los Hechos no contradice ninguna otra sección de la Escritura. Por el contrario, este modelo facilita el llamado permanente a la proclamación de la Palabra de Dios en donde está la gente. Este es un aspecto importantísimo del trabajo con células.

Podemos concluir que de ninguna manera las reuniones en las casas o en otros lugares fuera del templo contradicen algún principio de la Palabra de Dios. Todo lo contrario, la vida y función de la iglesia se fortalecen con el empleo adecuado de los grupos de células en hogares, y todo esto sin descuidar el patrón de trabajo ministerial en los templos.

Es probable que de la misma manera que la iglesia del primer siglo experimentó una expansión «espontánea» a través de las reuniones en las casas y otros lugares de reuniones cotidianas, la iglesia contemporánea pueda ver, y quizás ya esté viendo, un movimiento dinámico de crecimiento y desarrollo que está basado en los mismos principios de trabajo que permitieron a la iglesia del primer siglo experimentar un extraordinario crecimiento.

Preguntas de Repaso

1. ¿De qué manera la idea de Jetro en Éxodo 18 nos ayuda a organizar nuestras ideas sobre la organización de las células?

2. Cite algún pasaje de los Evangelios donde Jesús esté ministrando a la gente en las casas de familias.

3. ¿De qué manera nos ayuda en nuestro trabajo con las células el ver a Jesús ministrando en hogares?

4. Cite y explique un texto de los Hechos de los apóstoles donde hable de la iglesia primitiva reuniéndose en las casas.

5. ¿Cómo nos ayuda ese texto a fundamentar nuestro trabajo?

6. Cite un texto de las epístolas del Nuevo Testamento que hable de la iglesia en casas de familias.

7. ¿Cree que esto nos ayuda a basar bíblicamente nuestro trabajo en las células?

CAPÍTULO 3

La influencia del uso de los hogares como centro ministerial en la historia de la iglesia

C omo vimos en el capítulo anterior, la Escritura nos muestra que durante el período del Nuevo Testamento las iglesias se reunieron mayormente en hogares. Más de una vez leemos la expresión de «la iglesia que está en la casa de» como indicativo común del lugar de reunión de los hermanos.

Es evidente que no se construyeron, ni al parecer hubo la necesidad de construir templos cristianos durante esa época. El naciente movimiento cristiano se iba extendiendo entre las familias a lo largo de todo el Imperio romano. La iglesia creció y se expandió de manera extraordinaria sin construir un solo edificio de reunión religiosa. El historiador Michael Green dice al respecto, «La utilización de los hogares fue uno de los métodos más importantes en la extensión del evangelio en la antigüedad».[1]

La influencia de las casas durante la época post-apostólica

Es notable afirmar que durante los primeros 300 años del cristianismo, las iglesias y sus miembros crecieron y se expandieron sin edificios ni santuarios construidos para fines religiosos y de instrucción. No debemos olvidar que tanto los judíos como los paganos estaban familiarizados con la existencia de grandes y suntuosos templos, que al parecer, no les parecieron necesarios ni dignos de imitación.

Es más, al leer algunos de los escritores de esa primera época podemos notar que los creyentes realmente no creían en la necesidad de contar con edificios dedicados exclusivamente para sus reuniones, y que incluso llegaban a manifestar un cierto desprecio para con las grandes edificaciones de los templos paganos. No debemos olvidar la famosa afirmación de Pablo en donde declaraba enfáticamente que Dios no mora en templos hechos por manos humanas (Hech. 17:24).

De acuerdo con el historiador Justo González, al principio los cristianos se reunían «en casas particulares, el primer edificio propiamente designado para el culto exclusivo de la iglesia fue una casa que se habilitó para ello en el año 270 y "consistía en no más que una pequeña habitación decorada solo con algunas pinturas murales de carácter casi primitivo"».[2]

1. Michael Green, *La evangelización en la iglesia primitiva* (Buenos Aires, Argentina: Nueva Creación,1997), p. 365.
2. Justo González, *Historia del cristianismo, tomo 1* (Miami: Editorial Unilit, 1994), p. 141.

Después del Edicto de Tolerancia de Constantino del año 310 d.C., las cosas se fueron haciendo más fáciles para la iglesia cristiana puesto que las persecuciones cesaron. Fue así como se empezó a permitir la construcción de templos cristianos. Más adelante, el emperador Teodosio declaró a la iglesia cristiana como la religión oficial del estado en una movida política que a la postre, como sabemos, trajo mucho perjuicio a la iglesia. Aunque la iglesia contó con el apoyo del estado y muchos bienes y propiedades fueron traspasadas al seno de la iglesia y de sus autoridades, todos esos recursos y beneficios no le fueron útiles para mantener la vitalidad espiritual y la obediencia fiel al evangelio.

La influencia de las casas durante la época oscura (la Edad media)

El beneficio imperial produjo una proliferación de construcciones de edificios para el culto cristiano o se habilitaron templos paganos proscritos para ese fin. No obstante, a pesar de todos esos supuestos beneficios, los creyentes continuaron reuniéndose en las casas como consta en un documento del siglo IX.[3] Allí se habla de la construcción de la Basílica de San Juan de Letrán y cómo la misma fue erigida para «ayudar a las iglesias de las casas a estar más profundamente unidas entre sí y con la iglesia universal». Es decir, la iglesia parroquial tenía originalmente el propósito de servir a las iglesias de las casas.

Lamentablemente, las reuniones en las casas se fueron haciendo más esporádicas, hasta que finalmente desaparecieron por completo. La iglesia se encerró en los grandes edificios y en

---

3. Citado por Ralph Neighbour en *Cuerpos Básicos de Cristo* (Miami: Oikos Latino Ministres, 2008), p. 101.

grandes ritos religiosos, abandonando los hogares donde había nacido y se había expandido durante los primeros siglos desde su fundación.

El culto se fue profesionalizando. Los pastores se fueron convirtiendo en «sacerdotes» especialistas en cuyas manos descansaba todo el ministerio de la iglesia, y la Biblia como Palabra de Dios fue desapareciendo de las doctrinas y prácticas de la iglesia. La iglesia iba cayendo en un profundo declive al dar paso a tradiciones sin fundamento y supersticiones de corte pagano. Era la época oscura de la iglesia. Los decretos de Constantino y Teodosio que parecieron ser tan beneficiosos a la postre, se convirtieron en verdaderos regalos envenenados que sumieron a la iglesia en algo así como un hermoso ataúd para un cuerpo que se pudría sin vida.[4]

A pesar de todo lo anterior, no debemos olvidar que la iglesia permanece por la fidelidad y el poder de Dios y no por sus agentes humanos. Aun durante este tiempo hubo destellos esporádicos de luz evangélica. La historia del cristianismo registra las voces valientes que se levantaron dentro del seno de la iglesia para reclamar el regreso a la Palabra de Dios. Aunque muchas de esas voces fueron apagadas a través de una fiera persecución de la iglesia oficial, muchos de esos hombres y mujeres son recordados como mártires de la fe.

La influencia de las casas durante la Reforma protestante

Finalmente hubo una voz fiel que no pudo ser silenciada. El 31 de octubre de 1517, un monje agustino llamado Martín

---

4. Ver Kenneth Latourette, *Historia del cristianismo, tomo 1* (El Paso: Casa Bautista de Publicaciones, 1967), pp. 155-243.

Lutero clavó en la puerta de la iglesia de la universidad de Wittemberg 95 tesis que dieron paso a una enorme revolución espiritual de proporciones mundiales.

Las consecuencias en todas las áreas de la iglesia fueron dramáticas. Quizás la más importante es que la teología cristiana del Nuevo Testamento fue restaurada. Las cinco «Solas» de la reforma: Sola Gracia, Sola Fe, Sola Escritura, Solo Cristo y Solo a Dios la Gloria, fueron el grito de guerra del movimiento de restauración del evangelio que se extendió por toda Europa, llegando poco después a América y a los demás continentes.

Lutero propició, en un inicio, que los creyentes se reunieran en las casas para así profundizar sus vidas en el Señor. Sus palabras son importantes, «los que desean en serio ser creyentes de corazón deben registrarse y reunirse en una casa para orar, leer, bautizar, recibir el sacramento y hacer obras cristianas».[5] Posteriormente, como producto de sus disputas con otros movimientos cristianos que fueron surgiendo, como los anabaptistas, volvió atrás con respecto a esa disposición.

Los anabaptistas celebraban sus reuniones en casas de familias que luego dieron comienzo a algunas de las ramas de las iglesias congregacionales y bautistas. Ellos abogaban por una reforma más radical y emplearon las casas como centro de reuniones. El historiador Justo Anderson piensa que Lutero estaba describiendo las prácticas de los anabaptistas moderados cuando habló de las reuniones en las casas, puesto que los anabaptistas nacieron en una reunión en la casa de Felix Manz en Suiza, el 21 de enero de 1525.[6]

---

5. Justo Anderson, *Historia de los Bautistas, tomo 2* (El Paso: Casa Bautista de Publicaciones, 2001), p. 52.

6. Ibid, p. 35.

Por otro lado, tiempo después, como resultado del movimiento puritano, grupos de «no conformistas», que eran los que se negaban a permanecer en la iglesia anglicana, se empezaron a reunir en el hogar de uno de ellos para celebrar sus reuniones. Esa reunión fue el origen de las iglesias bautistas.

La influencia de las casas durante la época de Spener, el pietismo y los puritanos

En el año 1663 d.C. un pastor de nombre Felipe Spener sintió que la reforma protestante estaba perdiendo su vigor y que la gente estaba mundanalizándose en Europa. Él les pidió a los miembros de su iglesia que se reunieran cada semana para discutir el sermón del pastor y procurar alentarse a vivir vidas más santas. Él llamó a ese movimiento «iglesitas dentro de la iglesia». Así es como nació el movimiento pietista, que se caracterizaba por reuniones de laicos en las que estudiaban la Escritura. Estos grupos nacieron en la propia casa de Spener y luego se extendieron por toda la comunidad en la década de 1680.[7]

Otro de los grandes hombres del movimiento puritano fue Richard Baxter. Una de las características distintivas de su ministerio fueron las reuniones celebradas en los hogares que le permitieron evangelizar virtualmente a toda su comunidad. Su método de trabajo era celebrar reuniones en los hogares dos veces a la semana, en compañía de su ayudante para evangelizar y enseñar a los nuevos creyentes.[8]

---

7. Ibid, p. 258.
8. Joel Beeke y Richard J. Pederson, *Meet the Puritans* (Grand Rapids: Reformation Heritage Books, 2006), p. 63.

La influencia de las casas durante la época de Juan Wesley

Los nombres más reconocidos del gran avivamiento inglés fueron los de George Whitefield y John Wesley en el siglo XVIII. Estos hombres recorrieron grandes distancias a lomo de caballo para predicar al aire libre a grandes multitudes, así como a grupos de obreros en distintos lugares. Su incansable labor condujo a miles de personas a Cristo.

Whitefield sugería a los nuevos conversos que se unieran a las iglesias existentes, mientras que Wesley tuvo una estrategia diferente. Empezó a organizar a los nuevos creyentes en grupos pequeños de diez personas y les dio un «método» para que examinaran sus vidas y buscaran la manera de vivir vidas piadosas. Mark Shaw señala que «se trataba de grupos pequeños que se reunían una vez por semana para edificarse en la fe y la santidad. Por el uso del "método" que emplearon fueron llamados "metodistas"».[9]

Miles de creyentes se mantuvieron en la fe a raíz de estas reuniones, y aunque no fue su intención original, estos grupos se organizaron en iglesias dando origen a lo que fue durante mucho tiempo una denominación pujante y evangelística: la iglesia metodista.

La influencia de las casas en la actualidad

Como lo comentamos brevemente en un capítulo anterior, un pastor coreano de nombre David Yonggi Cho estaba abrumado

9. Mark Shaw, *10 Grandes Ideas de la Historia de la Iglesia cristiana* (Barcelona: Editorial CLIE, 2002), p. 163-181.

por el mucho trabajo de su creciente y exigente congregación, hasta el punto de sufrir un desmayo en pleno púlpito en 1961.

Eso lo obligó no solo a consultar con los médicos, sino también a guardar reposo por un período prolongado. Durante ese mismo tiempo de aflicción también tuvo la oportunidad de pensar en el ministerio. Su suegra empezó a aconsejarle que debía delegar su trabajo a otros líderes y empezar a promover reuniones en los hogares, donde los líderes de la congregación pudieran atender a los creyentes mientras él se ocupaba de los asuntos de mayor importancia o complejidad.

Durante ese tiempo leyó el texto donde precisamente Jetro, el suegro de Moisés, le recomienda organizar el pueblo en grupos de 10, 50, 100 y 1000, delegando en ellos la atención de los asuntos diarios, mientras los temas de mayor importancia serían atendidos por el propio Moisés (Ex. 18).

Esa lectura fue reveladora para el pastor coreano. Desde ese momento empezó a organizar la iglesia en lo que llamó «grupos familiares», que no fueron otra cosa más que células que se reunían principalmente en los hogares. Así dio origen al moderno movimiento de células en las casas que ha impactado a cientos de miles de vidas a través de todo el mundo.[10]

Mientras el pastor Cho desarrollaba las células en Corea, un misionero norteamericano llamado Ralph Neibourhg comenzó reuniones en su casa en Estados Unidos. Esas reuniones le dieron inicio al movimiento de células en los hogares en ese país, un movimiento que él ha contribuido a extender en todo el mundo a través del entrenamiento de miles de pastores en Asia y África.

Este movimiento sigue creciendo hasta el día de hoy. Podríamos decir que las iglesias están creciendo en dos vertientes. Por

---

10. David Yonggi Cho, *Los grupos familiares y el crecimiento de la iglesia* (Miami: Editorial Vida, 1982).

un lado, existen las iglesias en las casas; por el otro, existen las iglesias en los templos y en las células. En el primer caso, ha habido un movimiento extenso de reproducción de iglesias en casas, especialmente en zonas rurales muy apartadas de los centros urbanos, y también en los lugares donde hay persecución. Por ejemplo, en este momento hay un impresionante movimiento creciente de iglesias en las casas en los países del sudoeste asiático.

Se sabe, además, que en países como Irán hay un enorme crecimiento de iglesias reunidas en hogares. Junto con este movimiento, está el de iglesias que utilizan lo que William Beckham llama «las dos alas», es decir, reuniones de celebración en locales grandes como templos, y a la vez reuniones en los hogares, como grupos celulares, que se han reproducido por todo el mundo.

No solamente en África y Asia, donde a la iglesia no se le permite trabajar abiertamente se están reproduciendo iglesias basadas en células, sino que incluso también en Europa este movimiento celular está produciendo buenos resultados porque el modelo de iglesias tradicionales está en franca decadencia. Podríamos resumir afirmando que mayormente son las iglesias que basan su labor «en el templo y por las casas», las que han restaurado la vitalidad del cristianismo en ese continente que, en otro tiempo, era llamado cristiano. Las iglesias basadas en células continúan desarrollando su trabajo y penetrando las ciudades con el testimonio del evangelio de Jesucristo en el siglo XXI.[11]

Podríamos concluir este capítulo histórico señalando que la historia demuestra la enorme utilidad e impacto que ha tenido el empleo de las casas como centros de reuniones y difusión de la Palabra de Dios en el desarrollo del cristianismo. Aún hoy continúa siendo una estrategia valiosa para las iglesias

---

11. Ver David Garrison, *Movimientos de Plantacion de iglesias* (El Paso: Editorial Mundo Hispano, 2006)

de centros urbanos y rurales, así como para países donde hay plena libertad de culto como donde no la hay. Valdría la pena seguir por este camino.

Preguntas de Repaso

1. ¿Qué uso le dio la iglesia a las casas en la época post apostólica?

2. ¿Qué ocurrió durante la llamada «época oscura» que alteró esta práctica y cómo lo evalúa?

3. ¿De qué manera contribuyó la Reforma protestante y sus movimientos adyacentes a fomentar el uso de casas de familias para reuniones de la iglesia?

4. ¿Cómo emplearon los Puritanos y el movimiento Pietista las casas de familias?

5. ¿Cuál fue la clave del éxito de Wesley en la conservación de los resultados evangelizadores?

6. ¿De qué manera se emplean las células en la actualidad?

7. ¿Cómo le ayuda este recuento en su comprensión del tema de las células?

CAPÍTULO 4

¿Por qué implementar las células en mi iglesia?

A la hora de proponernos trabajar con las células como estructura básica de la iglesia debemos preguntarnos con sinceridad: ¿Por qué implementar las células en mi iglesia? ¿Son las células una moda pasajera en el día de hoy? ¿Tomamos la decisión por una razón puramente pragmática o por otras razones?

¿Por qué deberíamos emplear las células como estructura básica de ministerio en nuestras congregaciones? Hay varias razones para ello y todas están íntimamente vinculadas con la razón teológica de ser de la iglesia. No debemos olvidar, como dijo el famoso teólogo Ralph Neighbour, «la teología engendra a la metodología».

Los imperativos teológicos de la Iglesia son los que deberían determinar nuestra forma de organizar la estructura de la misma. Con ellos queremos decir, aquellas verdades eternas que aparecen en la Palabra de Dios y que nos permiten fundamentar la vida y misión de la iglesia. Las células son una manera de organización ministerial que honra las funciones y la misión de la Iglesia tal y como fue diseñada por Dios. Veamos a continuación algunas de esas razones.

Dinamizan la evangelización

En primer lugar, las células dinamizan la **evangelización.** Uno de los propósitos fundamentales de la Iglesia es llevar el evangelio a los perdidos. No podemos olvidar que el apóstol Pedro nos dice que somos el pueblo de Dios que anuncia «...las virtudes de aquel que os llamó de las tinieblas a su luz admirable» (1 Ped. 2:9).

El término griego para la palabra «pueblo» es «*laos*», de donde viene nuestro término español «laico». Un laico es toda persona que no ejerce un rol oficial de liderazgo en la iglesia. No se trata de un clérigo ni de un pastor. De manera que es a los miembros «laicos» de la iglesia a quienes se dirige esta exhortación a la evangelización.

Las células son un medio eficaz para involucrar a todos los miembros de las iglesias en la propagación continua de las verdades del evangelio. Uno de los objetivos de las células es la evangelización no solo a través de los líderes, sino también de todos sus miembros. En cada una de ellas se anima a los hermanos a compartir de Cristo con sus amigos y vecinos.

La principal fuerza evangelizadora de la Iglesia la constituyen los hermanos que cumplen fielmente con la proclamación del evangelio en sus células. Una iglesia que tiene células que son exhortadas continuamente a cumplir con su rol evangelizador, no necesitará depender de la visita de «especialistas» en la materia, porque cada hermano ya está preocupado y ha sido ejercitado en el cumplimiento de la Gran Comisión dentro del contexto de las células.

Una iglesia que usa con eficacia sus células no tendrá que esperar temporadas o campañas especiales de evangelización porque, por buenas que esas sean, nunca proveerán la actividad evangelizadora permanente que las células proveen. Cuando los hermanos se reúnen en diferentes días en hogares y en otros lugares, ellos se ocupan de hablar de Cristo a los demás de forma permanente, pertinente y donde las personas se encuentran. Las células son el mayor referente cercano a lo que la iglesia primitiva practicaba, «Y todos los días, en el templo y por las casas, no cesaban de enseñar y predicar a Jesucristo» (Hech. 5:42).

Una reunión celular fuera del templo permite conectar más fácilmente con la gente en sus mismos vecindarios y lugares de trabajo, facilitando así el cumplimiento de la Gran Comisión. Las iglesias que ya emplean con eficacia este enfoque pueden dar testimonio de que la mayoría de las conversiones y bautismos que se realizan entre ellos, están vinculados al trabajo de las células.

Puedo testificar que he visto a hermanos sencillos convertirse en evangelizadores eficaces en sus propias células. Eso es lo que ocurre en las iglesias donde se emplea ese modelo como base del trabajo ministerial.

Uno de los problemas que enfrentan las iglesias es que se organizan de una manera que dificulta el cumplimiento de la misión central de la Iglesia que es la evangelización. Son iglesias con muchas actividades internas, pero con muy poca preocupación por evangelizar. Por el contrario, una iglesia organizada en células se enfoca y anima a cumplir con la Gran Comisión. Como lo he venido diciendo, la estructura celular facilita la evangelización.

Una iglesia organizada alrededor de grandes servicios centrales tiende a no facilitar el cumplimiento de la misión de la misma a través de todos sus miembros. Son a menudo organizadas para mantener a las personas «entretenidas» dentro del ambiente del templo, pero sin un enfoque adecuado para movilizar en el servicio a todos sus miembros y considerar a aquellos que no tienen a Cristo. Tales iglesias suelen tener muchas actividades y desarrollan muchos programas con los que intentan atraer a muchos, pero todo de manera impersonal, con muchos observadores y pocos participantes.

Podría decir que son como las personas que recorren dos millas en una caminadora estacionaria sin ir a ninguna parte. Muchas iglesias no se dan cuenta que están dando vueltas en círculos sin lograr desarrollar un enfoque ministerial que les permita alcanzar a los que no conocen a Jesús. A menudo las formas de estructura de nuestras iglesias demandan mucha elaboración que mantiene muy ocupados a los miembros, pero que no los dejan libres para que ellos se ocupen activamente en el cumplimiento de la Gran Comisión.

Alan Hirsch, en su libro *Caminos Olvidados*, cita un autor que señala, «las estructuras son necesarias, pero deben ser simples, reproducibles e internas, mejor que externas».[1] En efecto, las estructuras eclesiásticas organizadas en torno a las células, cumplen con esas características. Son simples para que los líderes de célula no pierdan claridad con respecto a su misión, y además sus estructuras son fácilmente reproducibles en cualquier contexto.

La estructura de trabajo en células es una forma de organización que le permite a la iglesia pensar y orientarse hacia los de afuera. Las células ayudan a los creyentes a enfocarse de manera natural en aquellos que están en su entorno laboral o en su vecindario. Además, la organización sobre la base de las células permite reducir la carga de las estructuras y actividades

---

1. Alan Hirsch, *Caminos Olvidados (Missional* Press, 2009), p. 195.

orientadas al templo, para que los creyentes, organizados en células, miren hacia afuera y tengan un mayor contacto con los que no conocen al Señor.

Fomentan la participación de los creyentes en el ministerio

La segunda bendición que reporta el ministerio de las células en la vida de la iglesia es que **fomenta la participación de los creyentes en el ministerio** (Efesios 4:11-12). Existe una visión generalizada en las iglesias en donde se veía «la obra del ministerio» como la labor del pastor. En muchos lugares el pastor es visto como el único responsable del trabajo de la iglesia y aun algunos llegan a decir, de forma despectiva, que se le paga para que cumpla esas funciones.

Por el contrario, la enseñanza del Nuevo Testamento es que la tarea del pastor es entrenar a los creyentes para que hagan juntos «la obra del ministerio». La Biblia lo expresa de esta manera, «y él mismo constituyó a unos, apóstoles; a otros, profetas; a otros, evangelistas; a otros, pastores y maestros, a fin de perfeccionar a los santos para la obra del ministerio, para la edificación del cuerpo de Cristo» (Ef. 4:11-12). Es evidente que la tarea del pastor es la capacitación del pueblo de Dios para que pueda trabajar en la obra del Señor.

El problema radica en que es frecuente que la estructura y la organización de la iglesia no facilitan esta labor pastoral, sino que a veces hasta la entorpecen. El pastor se ve en la disyuntiva de qué hacer con el resto de la membresía cuando ya se ha elegido a los oficiales y maestros de la escuela dominical y otras dependencias. La pregunta que se hacen es, ¿qué hacemos con los demás miembros?

No les puedo negar que esa era una de mis preocupaciones, hasta que empecé a emplear el modelo celular de la iglesia. Pronto descubrí que las células, en donde la gran mayoría de los miembros participan de forma activa, constituyen la iglesia activamente organizada para servir y ministrar.

Una iglesia celular puede involucrar a todos sus miembros en el servicio. Cada uno de ellos puede emplear sus dones para servir en el contexto de las reuniones y también fuera de ellas. Además, todos se involucran en el área de dar testimonio. Todos los creyentes pueden ejercer el papel ministerial que el Señor les ha encomendado.

En las células también hay dirigentes y asistentes, aunque a todos se les anima a que ayuden con los cánticos, las oraciones, la exhortación, el consejo, la ayuda práctica y el consuelo para con los que sufren. Es decir, toda la iglesia tiene la oportunidad de involucrarse en la tarea del ministerio, cumpliendo así con la enseñanza bíblica.

Al estar escribiendo estas palabras, recibí la llamada de un miembro de mi iglesia que me consultó sobre sus planes para atraer más personas a su célula. También recuerdo una reunión de la semana pasada con otro hermano que quería compartir conmigo otras ideas sobre cómo podemos mejorar nuestro ministerio. Estoy siempre en contacto con hermanos que están planeando cómo ayudar a otros a conocer a Cristo, o de qué manera pueden ayudar a un hermano necesitado, u ofreciéndose para ayudar de alguna manera en el ministerio.

Al momento de escribir estas líneas nuestra iglesia cuenta con casi 100 células que permiten involucrar a un número creciente de miembros y nuevos creyentes en tareas ministeriales de la obra de Jesucristo. La Iglesia está constituida para que todos los creyentes participen en las tareas de servicio al Señor y de edificación al cuerpo de Cristo.

Promueven el crecimiento espiritual de los miembros.

En tercer lugar, las células **promueven el crecimiento espiritual de los miembros de la iglesia** (Ef. 4:13-16). La aspiración de todo pastor es que todos los miembros de la iglesia crezcan espiritualmente y que todos los creyentes tengan el apasionado deseo de crecer en el Señor. La Biblia dice, «Antes bien, creced en la gracia y en el conocimiento de nuestro Señor y Salvador Jesucristo...» (2 Ped. 3:18). Las células nos ayudan a lograr ese propósito cuando cada semana un grupo de hermanos se reúnen y abren la Biblia para compartir un pasaje de la Escritura y ven al Señor obrando a través de su Palabra y la ministración de unos a otros. El crecimiento espiritual y personal se podrá esperar en cada una de las células en donde participen de esas mismas actividades.

Pablo nos dice que la Biblia actúa en los creyentes. La palabra griega que se traduce como «actuar» es la que da origen a nuestra palabra «energía». No hay duda de que la Biblia tiene poder para realizar una obra en nosotros. Cuando los creyentes son expuestos a la Escritura cada semana, debemos estar atentos para observar los beneficios de tal exposición en ellos.

He sido testigo del cambio y el crecimiento espiritual de muchos hermanos a partir de su participación sistemática en la vida de las células. Puedo recordar a varios de los que trabajaron en nuestras células y hoy están sirviendo al Señor en otros lugares, incluso algunos han respondido al llamado de Dios al ministerio. Cuando los creyentes se reúnen, sus vidas se entrelazan, celebran y lloran juntos, aprenden de la Palabra en comunidad y así son bendecidos y pueden crecer en la gracia de Dios. La misma atmósfera de compañerismo, comunión y servicio que promueven las células, ayuda a madurar y desarrollar a los creyentes. Las células se reúnen para orar y tener compañerismo entre los hermanos, y todo ello contribuye al fortalecimiento y crecimiento en la fe de la grey.

Estimulan el surgimiento de nuevos líderes

En cuarto lugar, otra de las grandes bendiciones del sistema celular es que estimula **el surgimiento de nuevos líderes en el pueblo de Dios** (2 Tim. 2:2). La meta no es solo promover la mayor participación de los creyentes en el ministerio celular, sino también promover el surgimiento de nuevos líderes que cooperen en las distintas áreas de servicio en la iglesia. El pastor necesita la colaboración de otros líderes que puedan ayudar a realizar las tareas de supervisión y guía de la iglesia. Es evidente que no siempre hay suficientes fondos para pagar obreros en una iglesia. Por eso las células son una cantera en donde surgen esos líderes voluntarios que se involucran en las tareas de cuidar de otros y ayudarlos en su peregrinaje espiritual.

Siempre se requerirán más líderes al ir creciendo la iglesia y al irse multiplicando las células. Esos futuros líderes se multiplicarán dentro de las mismas células en donde tendrán la oportunidad de ministrar y poner en uso sus dones y talentos. El pastor entrenará a esas personas y les asignará sus labores, y todos ellos serán los conductores y líderes de la vida y ministerio de la iglesia.

He visto esto en nuestra congregación en multitud de oportunidades. También he sido testigo de que cuando esos hermanos entrenados y dispuestos se trasladan a otros lugares, inmediatamente se involucran en el ministerio en las iglesias donde se congregan. Como ya lo he dicho, he visto también cómo el Señor despierta en algunos el llamado al ministerio pastoral a través del servicio y la ministración en las células.

En este momento tenemos jóvenes que se preparan para el ministerio en varias instituciones teológicas. Dios usa la participación celular para despertar el llamado a liderar y servir en diferentes áreas. No todos ellos ocuparán una labor ministerial de tiempo completo, pero ya ocupan lugares de liderazgo no solamente en las células, sino también en otras áreas del trabajo de la iglesia como resultado de su involucramiento en el ministerio celular.

Animan el compañerismo en el pueblo de Dios

En quinto lugar, otras de las más obvias bendiciones del enfoque de las células en la vida de la iglesia es que **anima el compañerismo y la comunión entre los hermanos** (Col. 3:12-15). Una de las cosas que más nos impresiona en la vida de la iglesia primitiva es la comunión entre los hermanos que nos relata Lucas en el Libro de los Hechos. Allí se dice que los hermanos «perseveraban [...] en la comunión unos con otros» (Hech. 2:42). Añade el pasaje, «y perseverando unánimes cada día en el templo, y partiendo el pan en las casas, comían juntos con alegría y sencillez de corazón» (Hech. 2:46). Es posible experimentar esa comunión en el ambiente de las células. Cuando los hermanos se reúnen en las casas tienen la oportunidad de hablar, orar, corregirse y servirse unos con otros. Hay muy pocas probabilidades de que alguien permanezca pasivo o de incógnito en una reunión celular. Ello no es tan fácil cuando la gente asiste solamente a la congregación. En el contexto de las células la gente tiene mayores oportunidades de estar juntos y amarse unos a otros.

La amistad se fortalece entre creyentes que están juntos en la semana y pueden hablar de sus necesidades y orar unos por otros.

Podría compartir testimonio tras testimonio que confirman la manera en que las células ayudan en la unidad y comunión de los hermanos. Los creyentes involucrados en células se acompañan mutuamente en situaciones críticas y se ayudan durante tiempos de necesidad. Todo es posible porque están cerca y se conocen, algo que quizás no sería posible en un ambiente de reuniones numerosas, centrales e impersonales en el templo.

PREGUNTAS DE REPASO

1. ¿De qué manera las células contribuyen a estimular la evangelización?

2. ¿Cómo ayudan a fomentar la participación de los creyentes en el ministerio y por qué esto es importante?

3. ¿De qué forma ayudan las células a los creyentes a crecer en el Señor?

4. ¿Cómo pueden las células contribuir al surgimiento de nuevos líderes en la iglesia?

5. ¿Pueden las células ayudar a la unidad y al compañerismo de la iglesia?

6. ¿Qué justificación teológica le provee este capítulo para el trabajo con las células?

CAPÍTULO 5

Las funciones vitales de las células

L a Iglesia es el cuerpo de Cristo. Esta imagen, además de evocar la idea de nuestra relación íntima con Jesucristo, enfatiza nuestra pertenencia a un organismo del cual somos miembros «...los unos de los otros» (Rom. 12:5). Cada creyente es una parte integral de ese cuerpo, pero cuando la iglesia se organiza a través de las células, cada una de ellas se convierte en una unidad básica de ese mismo cuerpo. Es interesante hacer notar que el Dr. Ralph Neibourgh dice que las células constituyen los «Cuerpos básicos de Cristo»[1] porque las células son parte estructural y orgánica de ese cuerpo.

Podríamos decir que las células son unidades básicas del organismo mayor. De la misma manera que las células del cuerpo sirven con sus funciones vitales a todo el organismo y junto con los demás órganos del cuerpo componen el cuerpo del individuo, así también las células en la iglesia son fundamentales

---

1. Ralph Neibourgh, *Los cuerpos básicos de Cristo* (Miami: Oikos Latino Ministries, 2008).

para mantenerla con vida y cumplir con las funciones para las que fue creada.

La congregación completa y las células individuales cumplen por lo menos cinco funciones vitales:

Adoración

La función principal de una iglesia viva es la adoración de Dios y Su gloria. La Biblia dice, «Este pueblo he creado para mí; mis alabazas publicará» (Isa. 43:21). La razón primordial de ser de la Iglesia es la alabanza del nombre de Dios. Cuando Moisés renovó el pacto con Israel en el desierto, les dijo: «A Jehová tu Dios temerás, a él solo servirás, a él seguirás, y por su nombre jurarás. Él es el objeto de tu alabanza, y él es tu Dios, que ha hecho [...] cosas grandes y terribles que tus ojos han visto» (Deut. 10:20-21). Cuando el rey David trajo el Arca del pacto a Jerusalén, todo Israel celebró este acontecimiento con júbilo y muchas alabanzas. David dijo en medio de su alabanza, «Cantad entre las gentes su gloria, y en todos los pueblos sus maravillas. Porque grande es Jehová, y digno de suprema alabanza...» (1 Crón. 16:24-25).

También la exaltación en adoración del nombre de Dios se realiza a través de las vidas transformadas de los creyentes y sus buenas obras, tal como lo afirma el Señor Jesucristo (Mat. 5:16). Junto con nuestra adoración personal y congregacional, tanto nuestro servicio al prójimo, como nuestra labor de testimonio, son formas directas de exaltar el nombre de Dios.

Uno de los aspectos visibles de la función de adoración se da por medio de la celebración congregacional. La iglesia se reúne en un lugar determinado para rendir culto a Dios, y lo hace con la intención de exaltar el nombre de Dios, celebrar su carácter y glorificar su obra en medio de su pueblo.

Los salmos están llenos de exhortaciones a llegar al templo con alabanza y acciones de gracias. En el Nuevo Testamento se nos dice que debemos «hablar» entre los cristianos con «…salmos, con himnos y cánticos espirituales, cantando y alabando al Señor en vuestros corazones» (Ef. 5:19). Una de las menciones sobre la iglesia de Jerusalén es que «perseveraba» en el templo y en las casas «…alabando a Dios…» (Hech. 2:46-47).

De manera que cuando la iglesia se reúne para celebrar el culto al Señor, lo hace en obediencia a la Palabra de Dios y en gratitud por todo lo que el Señor hace en medio suyo. Cuando cada semana los hermanos se reúnen en el lugar de adoración designado para el culto del Señor, ellos están cumpliendo con una de las funciones primordiales de la iglesia.

Las células, por lo tanto, como expresión básica del cuerpo de Cristo, tienen también que cumplir la misma función. Ellos se reúnen para adorar a Dios en las casas de familias, talleres, escuelas u oficinas. Por eso, uno de los momentos claves de la reunión celular es el de las alabanzas cantadas. Los hermanos comparten un momento para exaltar a Dios juntos por medio del cántico grupal.

También adoran al Señor mediante las oraciones en común, las palabras de testimonio, la exhortación y el estímulo mutuo. Así, la reunión de las células cumple con una de las funciones fundamentales de la iglesia, o lo que es lo mismo, la iglesia cumple su función de adoración, no solo en la reunión de la congregación, sino también en la célula que se reúne semanalmente.

Enseñanza

Otra de las funciones de la iglesia es la de enseñanza. Este punto es destacado de forma especial en la Gran Comisión de

Jesús a la Iglesia. El Señor la encomienda diciéndoles, «enseñándoles que guarden todas las cosas que os he mandado...» (Mat. 28:18-20). Una de las funciones más importantes de la iglesia es su función docente.

La iglesia debe comunicar a los creyentes la verdad revelada en la Palabra de Dios para que aprendan a vivir como verdaderos hijos de Dios y auténticos discípulos de Jesucristo.

Lucas nos enseña que en la iglesia primitiva, «perseveraban en la doctrina de los apóstoles» (2:41). Esta declaración nos muestra que ellos no solo seguían, sino que también se mantenían en una constante actitud de aprendizaje a las enseñanzas que los apóstoles les impartían. En todo el Nuevo Testamento hay un fuerte énfasis en la enseñanza de la Palabra de Dios.

Los pastores y maestros han sido puestos por el Señor para «perfeccionar a los santos para la obra del ministerio» (Ef. 4:11-12). Los versículos siguientes indican que esa enseñanza tenía por objeto «la edificación del cuerpo de Cristo», esto es, la maduración de los creyentes en su estilo de vida, la liberación del error y el crecimiento en amor para la gloria de Dios.

En otras palabras, no se trata de un crecimiento meramente intelectual, sino vital, existencial. Se trata de una enseñanza que cambia vidas con la Palabra de Dios y capacita a los miembros del cuerpo para el servicio (Heb. 4:12; 2 Tim. 2:2). La iglesia realiza esta función tanto mediante la predicación pública de la Palabra de Dios, como a través de clases en grupos pequeños dentro del recinto del edificio de la iglesia.

Las células están llamadas a cumplir con esta función. Una de las maneras de hacerlo es tomar el texto designado por la iglesia para la reunión celular y procurar entenderlo y también aplicarlo en la vida de los miembros.

Los hermanos tienen la oportunidad de hacer sus propias preguntas del texto durante la reunión celular, aclarando sus dudas y sobre todo preguntándose de qué manera ese texto se aplica a sus vidas y cómo ellos responderán de manera grupal y personal a las enseñanzas de Dios.

El apóstol Pablo les enseñaba a los cristianos de Colosas diciendo, «La palabra de Cristo more en abundancia en vosotros, enseñándoos y exhortándoos unos a otros…» (Col. 3:16). Esta tarea se cumple a cabalidad en la reunión celular cuando los hermanos abren la Biblia y comparten sus verdades con el fin de instruirse y animarse a la obediencia «unos a otros».

Comunión

Una de las características fundamentales de la iglesia primitiva que se ve registrada en el Libro de los Hechos es que ellos «…perseveraban […] en la comunión unos con otros…» (Hech. 2:42). En el mismo pasaje se destaca la unanimidad entre los creyentes que se mantenían firmemente unidos y que lo demostraban hasta el punto de que «…comían juntos con alegría y sencillez de corazón» (Hech. 2:46).

Un poco más adelante se dice que los creyentes eran «de un corazón y un alma» (Hech. 4:32), enfatizando la gran identificación e intimidad que había ente ellos. De forma práctica, esta profunda unanimidad y armonía entre ellos se demostraba de forma evidente y práctica cuando se nos dice que entre ellos «…no había ningún necesitado…» (Hech. 4:34).

La iglesia del Nuevo Testamento nos modela a no olvidar la importante función de la comunión mutua. La Biblia destaca que nuestra unidad espiritual es una realidad en Cristo, pero también señala que debemos ser «solícitos en guardar la unidad del Espíritu…» (Ef. 4:3). Es decir, debemos trabajar por mantener y fortalecer la unidad del cuerpo en perfecta comunión.

En la Biblia encontramos algunos mandatos que son conocidos como los mandamientos recíprocos. Ellos enfatizan los deberes y acciones que tenemos unos por otros. Por ejemplo, se dice que debemos amarnos «unos a otros», que nos exhortemos «unos a otros» y que oremos «unos por otros». Ellos nos dan una idea de la importancia que la Palabra de Dios le da a la comunión entre los creyentes.

La Iglesia existe para reunir y congregar a los santos. Pablo destaca que el cuerpo «bien concertado y unido entre sí [...] recibe su crecimiento para ir edificándose en amor» (Ef. 4:16). La edificación mutua a través del amor práctico es otra de las funciones básicas y visibles de la iglesia.

La comunión puede hacerse efectiva tanto en las reuniones congregacionales como en las clases y demás actividades de los grupos pequeños y ministerios dentro del templo. Sin embargo, no hay duda de que uno de los lugares más apropiados para que esta función pueda llevarse a cabo de una manera más vivencial y directa, es en las células fuera del templo.

No hay que olvidar que los mandatos recíprocos, aquellos que hablan de nuestros deberes de unos para con otros, fueron entregados originalmente a iglesias que en su mayoría se reunían en casas de familias donde los cristianos tenían la oportunidad de interactuar de manera más íntima y personal.

Las células nos dan la oportunidad de conocernos mejor y de servirnos y ayudarnos de maneras prácticas unos a otros. La atmósfera informal y cercana de una célula, en donde los participantes se pueden sentar juntos para conversar unos con otros, permite cumplir con la función de practicar la comunión de maneras insospechadas y que producen mucha bendición entre ellos.

Evangelización

La evangelización es una de las funciones más importantes de la Iglesia. Los cuatro Evangelios expresan de diversas formas la Gran Comisión de Jesús a la Iglesia. La más conocida es la de Mateo, en donde le dice a los creyentes que mientras van por la vida, deben hacer discípulos entre todas las personas que encuentren (Mat. 28:18-20). En el mismo sentido, Lucas nos dice que Jesús ordenó «...que se predicase en su nombre el arrepentimiento y el perdón de pecados en todas las naciones...» (Luc. 24:47).

Al final del Evangelio de Marcos se ordena, «...id por todo el mundo y predicad el evangelio...» (Mar. 16:15) y en el Evangelio de Juan, Jesús dice, «como me envió el Padre, así también yo os envío» (Juan 20:21). Aun en el resumen de Lucas en Hechos se nos dice que Jesús ordenó a los discípulos a «ser testigos» en todas las naciones del mundo.

Cuando Pedro habla sobre la Iglesia como el nuevo pueblo de Dios, dice que existe «...para que anunciéis las virtudes de aquel que os llamó de las tinieblas a su luz admirable» (1 de Ped. 2:9).

Entonces, una de las razones de ser de la Iglesia es la evangelización entendida como la función de proclamar el evangelio de salvación en Jesucristo, llamando a hombres y mujeres a arrepentirse y creer en Jesús, convocándolos a una vida de obediencia y servicio al Señor.

La historia nos demuestra que la Iglesia ha ejercido esa función de varias maneras. Una de ellas es a través de los servicios congregacionales en donde se predica el evangelio cada semana. Otra manera de cumplir esta función es mediante las llamadas campañas evangelísticas en una iglesia local o en un conjunto de congregaciones que se unen para tal fin. El testimonio personal de los creyentes y los medios de comunicación social también son instrumentos de evangelización usados por la iglesia a lo largo del tiempo.

Sin embargo, una de las maneras más eficaces mediante la cual los creyentes pueden realizar esta labor es a través de células en los hogares. Cuando la iglesia organiza los grupos en las casas, los hermanos se animan a invitar amigos y orar por ellos para que conozcan a Jesucristo.

Las células se convierten en verdaderos «luminares en el mundo» (Fil. 2:15), llevando la luz de Jesucristo a lugares donde reina la oscuridad. La iglesia cumple su función evangelizadora a través de las células sin necesidad de costosas campañas ni especialistas profesionales.

Los creyentes se unen para testificar a sus vecinos y amigos sobre la gracia de Dios en Jesucristo allí donde está la gente, en los vecindarios y los lugares de trabajo y estudio. Así se cumple en la iglesia que tiene células lo que Lucas testifica de la iglesia primitiva, «y todos los días, en el templo y por las casas, no cesaban de enseñar y predicar a Jesucristo» (Hech. 5:42). Una de mis mayores alegrías es ver cómo hermanos sencillos se involucran en la tarea evangelizadora a través de las células. ¡Ellos se convierten en una fuerza dinámica que Dios usa para llevar a otros a Cristo!

Servicio

El Nuevo Testamento destaca la manera en que los creyentes se ayudaban y servían unos a otros, de tal manera que «…no había entre ellos ningún necesitado…», llegando al punto de vender sus posesiones y con lo recaudado ayudarse unos a otros (Hech. 4:34-35).

Este modelo no se continuó aplicando de la misma forma en el resto de las iglesias del siglo primero que estaban esparcidas por todo el Imperio romano, pero el principio de generosidad y servicio en favor de los más necesitados es válido para todos los tiempos. La Iglesia existe para dar testimonio del amor de Dios a través de obras de servicio a los demás, en especial entre aquellos que no conocen a Cristo.

Aunque muchas organizaciones han sido creadas por grupos cristianos para cumplir con este fin, la iglesia local sigue teniendo la responsabilidad primaria de llevar a cabo esa labor. Todos los creyentes como congregación y a través de los grupos en los hogares, están llamados a identificar las necesidades en sus respectivas comunidades y procurar con diligencia que sean satisfechas. Las células pueden ser un poderoso agente para lograr ese fin.

Tengo que testificar que he visto a nuestra congregación crecer en este aspecto. Los miembros, a través de las células, no solo se vuelven más conscientes de los problemas de los demás, sino que también a través de los lazos de afecto fortalecidos por la cercanía, se esmeran en la ayuda mutua y en servir a las personas de su entorno.

En conclusión, las células cumplen con las funciones que la Biblia establece para la Iglesia. Si bien la iglesia congregada con todos sus miembros lleva a cabo estas tareas, no hay duda de que a través de células debidamente organizadas, la iglesia podrá cumplir con mucha mayor eficacia y provecho sus cinco funciones.

Preguntas de Repaso

1. ¿Cómo ayudan las células a la iglesia a ejercitar su función de adoración?

2. ¿De qué manera ayudan las células a la iglesia a cumplir con su tarea evangelizadora?

3. ¿Cómo ayudan las células en el cumplimiento de la misión docente de la iglesia?

4. ¿Qué ideas concretas demuestran que las células ayudan a la iglesia en su labor de fomentar la comunión entre los hermanos?

5. ¿Cómo pueden las células ser un instrumento de servicio para la comunidad que le rodea?

6. Resuma las ideas de este capítulo y mencione cómo puede cumplir la iglesia local sus funciones a través de las células.

CAPÍTULO 6

La reunión de la célula

S on las siete y treinta de la noche. Una persona toca a la puerta. Son los esposos Tejada. Ellos siempre llegan unos minutos antes de que empiece la reunión. Casi inmediatamente después empiezan a llegar otros miembros de la célula. Hay dos de ellos que vienen acompañados de un par de amigos que no habían asistido antes a la reunión. A la hora acordada, la reunión comienza.

¿Cómo es una reunión típica de una célula? La respuesta a esa pregunta puede ser tan variada como los diversos modelos de reuniones en las diferentes iglesias que tienen reuniones celulares. Por esa razón quisiera realizar mi propio aporte al tema.

El contenido

En muchas iglesias la reunión comienza con un breve momento de **bienvenida** a medida que las personas van llegando. Esto puede tomar unos cinco minutos. Es común que la reunión se inicie con un momento de oración que puede ser guiado por el líder encargado de la célula o la persona que se haya designado.

A continuación, el grupo puede ser llevado a cantar algunas **alabanzas**. Algunas iglesias tienen una hoja con las alabanzas que se cantarán ese día en la célula, otras imprimen un pequeño libro con cánticos que se usará regularmente durante las reuniones. Este tiempo de adoración puede ser de unos diez a quince minutos. Es importante notar que no es necesario tener a alguien que toque un instrumento en cada célula. Ya sería suficiente con que el que dirige las alabanzas sea algo entonado.

El grupo puede dedicarse luego a la **oración**. La persona encargada puede pedirle al grupo algunos motivos de oración o de acciones de gracias. Los presentes comparten necesidades propias o de otras personas y se ora también de forma general para que Dios obre en las vidas de los enfermos o atribulados. Se intercede por la salvación de los que no conocen a Cristo y se pide al Señor su bendición y su respuesta, esperando con fe y confiados en su gracia.

Este tiempo de oración se puede llevar a cabo de varias maneras. El líder de oración puede designar a varios de los presentes para que oren por los motivos presentados. También una o dos personas pueden orar y en otras ocasiones se da libertad al grupo para que voluntarios oren por las peticiones.

Hay ocasiones cuando el líder puede organizar al grupo en parejas o en pequeños subgrupos de tres personas para que compartan sus necesidades en mayor intimidad y oren unos por otros. Esta parte de la reunión puede tomar otros diez a doce minutos.

Cuando se ha terminado de orar, se pasa a compartir **la Palabra de Dios**. Esta parte es llevada a cabo por lo general por el líder o alguien designado. Se comparte el pasaje preparado por el pastor previamente. El texto puede ser el del pasaje en el que estuvo basado el sermón dominical del pastor u otro asignado con anterioridad.

Creo que todas las células de una misma iglesia debieran leer y reflexionar el mismo texto. Si hay alguna necesidad particular de enseñanza dentro de un grupo, se puede discutir en otro momento o si se llegara a designar una estrategia diferente para una célula particular, esta debe ser guiada y aprobada por el pastor. Por ejemplo, entre las razones para hacer cambios en las enseñanzas podría estar la intención de comenzar una célula en donde todas las personas son inconversas o se trata de una célula de jóvenes o de cualquier otro grupo particular. En cualquier caso, si el celular quisiera hacer un ajuste o un cambio, este debe hacerse bajo la supervisión y aprobación del pastor.

El período de exposición de la Palabra de Dios no debería ser, en ningún caso, la repetición del sermón del domingo, así el texto sea el mismo empleado por el pastor en su sermón. Tampoco se trata de un estudio bíblico exhaustivo. Más bien se trata de un encuentro con la Palabra de Dios en el que el líder va guiando al grupo a descubrir la interpretación del texto y a buscar juntos aplicaciones a la vida personal como respuesta a esos descubrimientos.

Es muy importante que este período sea **motivador**, dinámico y que permita la participación de todos. El líder formula, por lo general, algunas preguntas que tienen que ver tanto con la interpretación del pasaje como con su aplicación general a la vida. El líder comparte el pasaje y va haciendo preguntas que fomentan la participación general. Algunos señalan que, en una reunión promedio, el grupo debe hablar el 70% del tiempo y el líder solo el 30% restante. Esto se traduce en que el líder habla más que cada uno de los participantes, pero menos que el grupo en conjunto.

Por lo general, las preguntas que el líder formula se le han entregado con anticipación. En nuestra iglesia se reparten el mismo domingo porque están basadas en el texto del sermón. Se espera que los líderes tomen nota de la interpretación del texto hecha por el pastor y también de los aspectos más sobresalientes del mensaje que pueden ser usados durante la reunión celular.

Sin embargo, siempre el que guía la entrega de la enseñanza debe recordar que no se trata de repetir el sermón predicado, sino de generar la oportunidad para que todos lean, entiendan y apliquen la Palabra de Dios a través de un proceso dinámico en donde todo el grupo es guiado por el Espíritu Santo.

Este tiempo puede ser de unos veinte a treinta minutos que concluyen con una apelación personal que puede incluir el llamado a arrepentirse y rendirse a Jesucristo, a la reconciliación personal u otro aspecto particular.

Para la parte final de la reunión se aparta un tiempo breve de unos cinco minutos para reconocer a las visitas y hablar de la importancia de la visión, animando a los miembros a invitar más personas para la próxima reunión.

Finalmente, se puede concluir con un tiempo que fomente el **compañerismo** y la conversación distendida. Para esto se brindan algunos refrescos, café con galletas u otro refrigerio ligero. Como hemos dicho, se trata de un momento informal y distendido. Por lo general este refrigerio debe ser ligero. En ocasiones especiales se podría brindar una cena. Generalmente este es un tiempo donde la gente se conoce mejor y se disfruta del compañerismo unos con otros.

Este orden podría variar de semana en semana o según la necesidad y el parecer de los que lideran el grupo. Una reunión, por ejemplo, puede comenzar con el período de compañerismo o con el de oración. Es importante que evitemos caer en una

monotonía tal que convierta la reunión en un completo aburrimiento. Pero sobre todo, debemos pedir y esperar una presencia
latente del Señor que marque una gran diferencia entre todos
los participantes.

Una reunión habitual como la descrita tiene una duración
máxima de una hora y media. Generalmente puede durar una
hora y 15 o 20 minutos. Es importante que no sea más larga.
Este tiempo permite que los hermanos y los visitantes queden
con deseos de volver la semana siguiente. Es muy gratificante
cuando escuchamos decir que aguardan con ansias el día de la
reunión para asistir a la célula. Es nuestro deseo que esa moti-
vación se mantenga en el tiempo.

El ambiente de la reunión

La reunión de la célula debe buscar **estimular** la espiritualidad,
procurando que las personas no solo sean bendecidas, sino que
además procuren hacerlo de forma continua. Debemos esfor-
zarnos y tener como meta que la reunión sea significativa para
todos. Lograrlo requiere trabajo porque ese objetivo no se consigue de manera improvisada. Si bien debemos depender de la
guía del Espíritu Santo en todo y dejar que sea Él quien controle la reunión, eso no es impedimento para que planeemos y
trabajemos para tener una buena reunión.

Es importante, entonces, que consideremos los siguientes
principios con sumo cuidado:

Primero, **ore** sin cesar por la reunión. El líder y los participantes de la célula deben comprometerse a orar para que el
Espíritu Santo obre en cada uno durante la reunión. No basta
con orar antes o durante la reunión, sino que es un compromiso de toda la semana. Es importante reconocer que solo el
Señor obra en nuestra salvación y santificación. Por lo tanto, esa

realidad nos lleva a reconocer que debemos clamar a Él por su intervención soberana en medio nuestro.

En segundo lugar, la **puntualidad** es fundamental. Comience y termine la reunión a la hora prevista. Si se calcula que la reunión durará alrededor de una hora y media, sea exacto y procure no pasarse del tiempo. No permita que se pierda el control sobre el horario como producto de la tardanza de algunos. Por el contrario, enseñe sobre lo bueno y productivo que es respetar los horarios. Ser puntual y mantener la reunión dentro de los límites del tiempo ayudará a que la gente desee volver.

En tercer lugar, mantenga un **ambiente informal**. Una reunión en un hogar debe mantenerse dentro de una atmósfera de amistad e informalidad. Debemos procurar que los participantes se sienten en círculos para facilitar el contacto visual. Si no hay suficientes asientos, los más antiguos y de más confianza pueden sentarse en el suelo. No hay que «empaquetar» el ambiente y tener una atmosfera rígida. Se trata de generar una atmosfera familiar, donde queremos que cada persona se sienta parte del grupo en un ambiente distendido y cordial.

En cuarto lugar, el tener un ambiente informal no significa que perdamos la **reverencia**. Una vez que comienza la reunión, la atención debe estar puesta en la presencia del Señor. Las bromas fuera de lugar, la distracción con el celular, estar comiendo o mantener conversaciones privadas durante el tiempo grupal de la reunión es inadmisible. He llegado a saber de personas que quieren usar las reuniones como una plataforma de ventas de sus productos. Tal persona debe ser confrontada con amor y se le debe recordar que se trata de una reunión de adoración y de enseñanza de la Palabra de Dios.

La casa del hermano o el taller de la persona en donde se celebra la reunión se convierte en «casa de Dios y puerta del cielo» y debe ser tratado como tal. El anfitrión también debe procurar que no hayan otras distracciones en la casa. Si hay otros miembros de la familia que no están participando de la reunión, se les debe invitar a que apaguen la radio, la televisión o cualquier otro dispositivo electrónico para evitar toda distracción. Las mascotas deben ser colocadas en un lugar donde no distraigan a los participantes. Durante la reunión queremos ser conscientes de la presencia y obra de Dios, y por lo tanto, evitamos todo aquello que pueda desviarnos de ese objetivo.

En quinto lugar, se deben observar las reglas de **decoro**, cortesía y **buena educación** en el hogar que abre sus puertas para la reunión celular. Por ejemplo, hacer comentarios imprudentes del mobiliario o de la decoración de la casa no pueden ser aceptados. Entrar a las habitaciones sin ser invitado, o abrir la nevera sin que se lo pidan, no es de buena educación. La familiaridad no significa imprudencia.

En sexto lugar, la **unidad** es fundamental. No se deben permitir discusiones teológicas que no se lleven con respeto, disposición al diálogo o que generen tensión en el ambiente. Siempre es bueno aclarar las dudas sobre cualquier tema o pasaje, pero hay que hacerlo dentro del marco de lo que se está conversando y de manera que no genere polémicas o falta de respeto. Las preguntas sobre temas controversiales se pueden contestar durante la reunión siempre que estén dentro del marco del tema tratado. Si no fuera así, entonces se puede proponer otro momento y quizás otro lugar para responder. Los líderes deberán usar su discernimiento, experiencia y sabiduría para no permitir que tales discusiones dañen el ambiente y den como resultado que la gente no quiera regresar a la próxima reunión.

En séptimo lugar, siempre debe existir un espíritu de **fraternidad** cristiana. No critique otras iglesias, denominaciones o personas. Cualquier opinión sobre iglesias o denominaciones cristianas debe ser hecha con sumo cuidado, en amor y con respeto. Tampoco se permitirán críticas a personas ausentes o chismes de cualquier índole, porque atentan contra la unidad del cuerpo. Esta conducta es pecaminosa y totalmente perjudicial porque daña el testimonio de hermanos y de toda la iglesia. Por el contrario, el ambiente de la conversación y el diálogo debe ser uno que estimule la unidad y el amor cristiano. Cualquier observación sobre la conducta de alguna persona se hará de acuerdo a los protocolos establecidos en el Nuevo Testamento.

En octavo lugar, se **respetarán los lineamientos de la iglesia** con respecto a la dirección y el contenido de la reunión. El líder de la célula es la persona encargada de conducir todo lo que se hace y velar por el desarrollo del trabajo de la célula. Ni el anfitrión ni ningún miembro de la célula está autorizado para llevar un maestro, expositor o pastor que no sea autorizado por las autoridades de la iglesia. El propósito es mantener la línea doctrinal y evitar falsos maestros que busquen introducir falsas enseñanzas o generar confusiones entre los participantes.

No se aceptarán como participantes oficiales y permanentes a miembros de otras denominaciones en la célula. Recuerde que se trata de una labor de la iglesia local y además se busca evitar confusiones doctrinales y discusiones innecesarias sobre enfoques eclesiásticos. Como he mencionado, este no es lugar para discusiones que no están dentro del marco y objetivos del ministerio celular de la iglesia. El propósito es evangelizar a los perdidos y no atraer a ovejas de otros rediles; somos pastores, no cuatreros. Si algún miembro de otra iglesia desea asistir a su reunión podrá hacerlo como un invitado esporádico de una sola vez, pero no como un participante activo y permanente.

En noveno lugar, planifique, organice y desarrolle la reunión para que sea una experiencia **dinámica**, participativa y variada para todos. Aunque sabemos que hay una estructura básica de desarrollo de la reunión, no siempre haga las cosas de la misma manera. Involucre a los miembros de la célula en la planeación de las reuniones y deles participación.

Al compartir la Palabra de Dios tenga en mente la idea de que todos participen, opinen, pregunten y lleguen a descubrir la verdad de Dios por sí mismos bajo la guía del líder y la iluminación del Espíritu Santo.

Sea cortés al buscar la participación y felicítelos por sus contribuciones. Si alguien hace un comentario incorrecto, no lo avergüence, sino agradezca la participación y corrija con amor. Por otro lado, no permita que nadie acapare toda la conversación. Una de las tareas más importantes del líder, y quizás una de las más difíciles, es buscar que todos puedan participar. Siempre hay una persona que quiere monopolizar la discusión. Si lo ha identificado, puede hablar con él en privado y exhortarlo a que muestre atención y respeto por los demás. En el mismo sentido, de forma práctica, durante la reunión puede sentar al «hablador» al lado del líder para evitar el contacto visual y así evitar que siempre quiera contestar todas las preguntas. También podemos recordarle al grupo que deseamos que todos participen y que no queremos monólogos o predicadores en la reunión.

Reitero que es importante que todos los miembros de la célula participen en la reunión. Por eso, por ejemplo, los arreglos para el refrigerio deben estar listos con anticipación para que nadie se tenga que parar de su asiento durante el tiempo de compartir. Generalmente la responsabilidad del refrigerio se rota entre los miembros de la célula cada semana y se debe evitar que el anfitrión siempre tenga que estar encargado de la preparación del refrigerio. Es vital que esto sea observado de manera escrupulosa para evitar que solo algunos hagan todo, mientras otros solo observan y se convierten en miembros pasivos.

En décimo lugar, **los niños** pueden participar de la reunión dependiendo de su edad. Algunos grupos optan por reunir a los niños en otra habitación para darles enseñanza adaptada a su edad. Esto podría dar lugar a una célula infantil, pero eso depende del criterio de la iglesia. Otras iglesias prefieren que los niños adoren junto a sus padres en todo el tiempo de la reunión. Si se hace esto último los padres deben ser responsables de la disciplina de sus hijos.

En décimo primer lugar, no **cancele** nunca la reunión. Puede posponerla en caso de que haya algún problema de fuerza mayor que justifique el cambio, pero mantenga la regularidad de las reuniones de manera constante y firme. Esto le dará consistencia a la célula.

En décimo segundo lugar, mantenga la **cortesía** con un trato afable y amoroso para con todos. Debemos vivir los principios bíblicos establecidos por el Señor para las buenas relaciones entre los creyentes. Es imperativo que nos esforcemos en lograr relaciones armónicas entre los miembros de las células. Cuando surja alguna dificultad relacional, debemos tratarla con prontitud y siguiendo el ejemplo de Jesucristo.

En décimo tercer lugar, estas disposiciones deben ser observadas con **consistencia** y sumo cuidado por los líderes y miembros de la célula. Si alguna persona insistiera en contradecir o faltar el respeto a estas normas, se deberán tomar medidas disciplinarias inmediatas para evitar que el mal se extienda o se piense que se aprueba.

Después de la reunión

Nunca deje de evaluar las reuniones. Pase revista a los asuntos que se presentaron y conviértalo primero en un motivo de oración. Piense de qué manera puede ayudar a los miembros de la célula o a los visitantes que hayan manifestado alguna necesidad personal y prepárese con tiempo para la próxima reunión.

Hace poco tiempo, un miembro de nuestra iglesia que se encuentra en la ciudad para cumplir un programa de estudios en una universidad local por dos años, conversó conmigo sobre la bendición que para él había sido el participar de su célula. Me contó que había sido una de las mejores experiencias que había tenido en la iglesia. Él debe regresar a su país en poco tiempo y me dijo que quería compartir con su iglesia local la experiencia celular para que ellos también pudieran implementarla.

Cuando la iglesia desarrolla un sistema de células sano, donde las reuniones son estimulantes y provocan el crecimiento, ese es el resultado esperado.

PREGUNTAS DE REPASO

1. ¿Cuál podría ser el contenido básico de una reunión de célula?

2. ¿Qué otra idea se puede incorporar en la reunión?

3. ¿Cómo se podría variar el orden de la reunión?

4. ¿Cómo se debe organizar el momento de compartir la Palabra en el grupo?

5. ¿Qué importancia tiene el ambiente de la reunión?

6. Mencione algunas de las características importantes que deben normar una reunión de célula y diga cuál es su valor. De acuerdo a su contexto, ¿cuáles de esas características requieren de mayor atención?

7. ¿Qué debe hacerse después de la reunión?

CAPÍTULO 7

El equipo de la célula

Una de las imágenes más importantes que hay en la Biblia sobre la Iglesia es donde se representa como un cuerpo. La Palabra de Dios afirma más de una vez que la Iglesia es «el cuerpo de Cristo» (Rom. 7:4; 1 Cor. 10:16; 12:27; Ef. 4:12).

Esta representación subraya la idea de la unidad y diversidad de la Iglesia. En el cuerpo hay diversos órganos, pero todos juntos forman un solo cuerpo. Entonces, la iglesia es un cuerpo compuesto por diversos miembros con funciones diferentes, en donde todos aportan al desarrollo y fortalecimiento del cuerpo (1 Cor. 12).

Podríamos usar la misma metáfora del cuerpo para hablar de las células, ya que estas constituyen los tejidos que forman los órganos. En nuestro caso, la iglesia está compuesta por diversas agrupaciones de miembros llamadas células. Podríamos decir que son «cuerpos básicos de Cristo» o «unidades básicas» del cuerpo que es la iglesia. De la misma manera en que cada célula está formada por un núcleo que regula su vida, en la iglesia las células deben tener también un núcleo que ejerza igual función. Nos estamos refiriendo al equipo celular.

Veamos a continuación algunas características de la formación del equipo celular:

La formación del equipo

Es bíblico

La formación de un equipo dentro del trabajo de las células es una acción que podemos encontrar en la Escritura. El ejemplo más claro lo encontramos en el propio Señor Jesucristo. A pesar de que tenía cientos de seguidores y multitudes que lo seguían de forma permanente, Él estableció un equipo de doce discípulos que permanecerían muy cerca y a quienes enviaría a predicar. Ellos constituirían el fundamento del liderazgo de la futura iglesia cristiana. A ellos les dedicó la mitad de su tiempo y los capacitó para el servicio que realizarían después de su partida.

Otro ejemplo evidente de este modelo lo constituye el apóstol Pablo. En las crónicas de su ministerio escritas por Lucas, leemos lo siguiente: «le acompañaron hasta Asia, Sópater de Berea, Aristarco y Segundo de Tesalónica, Gayo de Derbe, y Timoteo; y de Asia, Tíquico y Trófimo» (Hech. 20:4). Más adelante se incluye la expresión «y nosotros», en donde Lucas, el narrador, da a entender que él también estaba en ese equipo ministerial.

El apóstol Pablo le recomienda lo siguiente a su hijo Timoteo, «Lo que has oído de mí ante muchos testigos, esto encarga a hombres fieles que sean idóneos para enseñar también a otros» (2 Tim. 2:2). La encomienda que Timoteo estaba recibiendo era preparar a otros para que compartieran y reprodujeran el ministerio. Esa es justamente la función del equipo de la célula.

Es necesario

Aunque el líder de la célula es una pieza necesaria y fundamental para el trabajo de la célula, nunca podrá trabajar solo. Se necesita de la participación de todos los miembros, pero también se requiere de un grupo de trabajo cercano que pueda estar más próximo al líder y con el que cuente para el desarrollo de todo el trabajo.

Una vez más, un líder no puede hacerlo todo solo. Para que las tareas de cuidado, evangelización y enseñanza de la célula se lleven a cabo, se necesita de la participación de todos los demás integrantes de la célula. El líder debe velar por la realización de todas las labores en una célula, pero no es el responsable directo, ni debe ser el único que las realice. Hay otras personas que pueden y deben hacerlo, y es por eso que hablamos de un equipo.

En toda célula hay distintas personalidades y diferentes dones. Siempre hay una mayor posibilidad de que los distintos dones y talentos se pongan en ejecución para llevar adelante la labor del ministerio cuando la célula es consciente de la necesidad de un equipo. Además, la formación del equipo es un paso importante para la formación de futuros líderes de célula. Los futuros líderes serán formados por los más antiguos y ellos aprenderán haciendo el trabajo, porque la mejor preparación es la que se consigue con la práctica.

El equipo de la célula es una cantera para el desarrollo de futuros líderes, y a la vez, es un lugar desde donde otros pueden aprender a trabajar en diferentes áreas del servicio al Señor.

Es posible

¿Dónde se consiguen los miembros del equipo de la célula? Pues, ¡dentro de la misma célula! Los miembros son más comprometidos con el trabajo de su propia célula, y sus actividades constituyen la materia prima del equipo de trabajo. Los miembros que compartirán en el futuro las cargas del ministerio, ya están asistiendo a la célula. Los futuros líderes están presentes dentro de la misma célula. Solo hay que observarlos en su disposición, fidelidad y potencialidad; escogerlos y darles la oportunidad.

En ese sentido, una tarea del líder es orar para que Dios le guíe en el proceso de selección de los futuros miembros de su equipo. El Señor dice que debemos pedir al dueño del campo que envíe más trabajadores (Mat. 9). Debemos pedir la dirección de Dios para seleccionar a los miembros del equipo.

La selección del equipo

Creemos que esto es algo que ni siquiera debería discutirse porque es obvio a la naturaleza de nuestra fe cristiana, pero recalcaremos que es necesario que el miembro del equipo sea alguien **nacido de nuevo**, bautizado, con buen testimonio cristiano, en su propio hogar y entre «los de afuera» (1 Tim. 3:7). Una persona que sea parte del equipo y que tenga mala fama en su vecindario o trabajo, le hará mucho daño a la obra de Cristo.

Los miembros del equipo deben ser aquellas personas que están más comprometidas con el trabajo de la célula, no necesariamente los más «capaces» o «influyentes». Cuando se elige a alguien para una posición dentro de la iglesia solo por su preparación académica o su influencia económica, muy a menudo acaba mal. Sin menospreciar lo anterior, el compromiso con la célula y la **integridad** personal son sumamente importantes.

Además, es de suma importancia que sea alguien completamente **comprometido** e identificado con la visión, doctrina y ministerio de la iglesia. Una persona sin esa identificación será más un obstáculo que una bendición. Los miembros del equipo deben ser personas que primen esa unidad esencial y perciban que todos están juntos en el trabajo del Señor. Son personas que miran juntos en la misma dirección y buscan el mismo propósito. La Biblia alienta esa actitud en muchas oportunidades (1 Cor. 1:10; Fil. 2:1-5; Ef. 4:1-4).

Ellos también deben mostrar **disposición** a ser guiados y dejarse entrenar por el líder y otros líderes experimentados dentro del sistema celular. Esta disposición a someterse y aprender es importante a la hora de escoger tanto a un líder como a cualquier miembro del equipo. Cuando alguien cree que tiene todas las respuestas y que ya no tiene nada que aprender, está cometiendo un grave error y está descalificándose para el servicio del Señor. No olvidemos que la Biblia enseña que debemos enseñarnos y exhortarnos «unos a otros» (Col. 3:15-16).

Esto no significa que no puedan haber opiniones diferentes sobre alguna idea o con respecto a la ejecución de algún proyecto. Es importante que haya opiniones diversas, pues al final de cuentas, eso enriquece la visión y mejora el trabajo. Pero todo debe hacerse dentro de un espíritu de unidad y de respeto a la visión común.

Es importante que antes de que alguien sea parte del equipo de trabajo, esa persona pueda haber completado el sistema de capacitación establecido por la iglesia local o esté al final del proceso para completarlo. Se espera de todos los servidores en la iglesia, y en especial de los que son parte del equipo de la célula, que estén involucrados en el sistema de capacitación de la iglesia. La expectativa es que ellos estén creciendo en la fe y también estén recibiendo las herramientas indispensables para la tarea encomendada.

Se espera también que los miembros del equipo sean personas de **oración**. También debemos asegurarnos de que todos los miembros del equipo tengan una vida devocional consistente. Debe orar y buscar al Señor en su Palabra cada día intercediendo por los miembros de la célula y por las personas que no conocen a Cristo en su comunidad.

De lo anterior también se desprende que se espera que los miembros del equipo se **involucren en las tareas de evangelización y discipulado**, invitando cada semana a personas nuevas a las reuniones. La responsabilidad de invitar a personas a las reuniones descansa en el anfitrión de la casa en algunas reuniones caseras. En el trabajo con células, esta es una obligación de cada miembro.

Los miembros del equipo

El líder

El líder es un personaje clave dentro de la célula. Toda célula requiere de uno. Por eso es importante la formación de nuevos líderes para establecer una multiplicación saludable de células. De lo contrario, el proceso se entorpece y estanca.

El líder es el responsable del funcionamiento general de la célula. Él debe velar por su debido funcionamiento y para que cada uno de los integrantes del equipo y de la célula sea edificado, ocupe su lugar y realice su papel. El líder está pendiente del trabajo de cada miembro del equipo y les provee de la ayuda y la preparación que requieren, tanto en sus actividades formales como en encuentros informales, así como en las clases organizadas por la iglesia.

Aunque algunas personas piensan que el líder debe ser alguien con una personalidad extrovertida; no necesariamente debe ser así. De acuerdo con un estudio realizado hace algunos años por el Dr. Comiskey, el factor más importante para la eficacia de un líder está en la oración. Esto no debe sorprendernos, puesto que el poder para el servicio cristiano lo da Dios. No es necesario tener un tipo particular de personalidad o de preparación académica para ser un buen líder de célula.[1]

La Biblia nos muestra cómo Dios usó a hombres con personalidades tan diferentes como Pedro y Pablo, o como Juan y Bernabé. El Señor usó a Timoteo y a Marcos. La Escritura está repleta de ejemplos de hombres y mujeres con diversas personalidades y dones, pero que encontraron su lugar en la obra de Dios y fueron usados para su gloria.

El líder dirigirá las reuniones regulares de la célula, las actividades especiales y las reuniones de planificación. Las últimas deberían efectuarse al menos una vez al mes, para fines de evaluación y preparación para la siguiente temporada. Toda reunión debe tener un período de oración.

El líder encargado de guiar la discusión del pasaje bíblico debe nombrar a los demás miembros del equipo teniendo en cuenta los criterios ya mencionados. Por supuesto, todo deberá hacerlo luego de consultar con su líder inmediato o pastor.

El líder principal también es responsable de asistir a las reuniones de líderes de zona según corresponda. En nuestra iglesia, ningún líder está exento de asistir a las reuniones generales de líderes que se celebran cada mes (salvo contadas excepciones producto de situaciones de fuerza mayor). Un líder que no asiste a las reuniones, pudiendo hacerlo, debería ser removido de esta posición porque no está demostrando unidad y disposición a vivir bajo una visión común.

El líder también debe ponerse en contacto con los miembros de la célula durante la semana y dedicar algún tiempo a la evangelización y al discipulado. Debe procurar invitar a

---

1. Joel Comiskey, La explosión de los grupos celulares en los hogares (Barcelona: 2000), p. 52.

nuevas personas a la reunión. Lo que estoy tratando de decir es que las responsabilidades del líder no terminan con la reunión.

El líder asistente o en entrenamiento

Esta es la persona que se está entrenando bajo la supervisión del líder principal y que se espera que llegue a serlo en el futuro. Se espera que asuma el liderazgo de una nueva célula cuando haya una multiplicación y que sustituya al líder durante su ausencia. También puede realizar cualquier otra función cuando sea necesario y se le requiera hacerlo. El asistente debe estar preparado para desempeñar cualquier función que se le asigne, incluso debe estar listo para compartir la Palabra de Dios, aunque no se le haya pedido con anterioridad.

El asistente también asistirá a las reuniones regulares y extraordinarias, así como a las de planificación. Esto le permitirá estar al tanto con lo que ocurre en la célula. También podrá estar presente en las reuniones de líderes cuando se le solicite. Si el líder no puede asistir a una reunión de zona o a una reunión general, el asistente lo podrá sustituir.

Coordinador de adoración

Es la persona que deberá dirigir al grupo en los períodos de adoración y alabanza. Le corresponde escoger en oración con anticipación y cuidado los cánticos que se entonarán durante la reunión. Por ningún motivo se debe permitir una elección al azar y solo unos minutos antes de empezar la reunión. Un coordinador de adoración piadoso deberá tomar tiempo durante la semana para buscar la dirección del Señor en cuanto a las alabanzas que el grupo levantará al Señor.

Es recomendable que la selección de las alabanzas esté relacionada con el tema o texto bíblico que se trate ese día, pero no es un requisito indispensable. Por supuesto que también podrá, según la dirección del Señor, pedirles a los miembros del grupo que elijan las alabanzas de ese día, pero debe ser solo en momentos especiales.

No está demás decir que un coordinador de adoración debe manifestar un espíritu de adoración y un deseo genuino de que el Señor sea exaltado. Él debe demostrar un verdadero amor y devoción al Señor porque esa devoción sincera ayudará e inspirará a los demás a hacer lo mismo. Las habilidades musicales no son tan importantes como su devoción al Señor.

Coordinador de oración

Será una persona reconocida por su vida de oración personal. El grupo debe reconocer el interés de esa persona por buscar de manera personal al Señor en oración. Él debe orar, no solo por sí mismo y su vida espiritual, sino que además debe interceder de manera continua por el grupo y por los motivos expresados por las personas que asisten a la reunión.

El coordinador de oración también animará a otros a tener vidas de oración. Debe ser un promotor de la oración y debe efatizar periódicamente la oración en el grupo. También promoverá reuniones de oración y otros esfuerzos que la iglesia realice en el tema de la oración.

Una de sus tareas principales consiste en guiar los momentos de oración cada semana, procurando depender del Señor e introducir diversas formas de oración para evitar la monotonía y el aburrimiento entre los participantes. No se le pedirá a inconversos que oren ni se les presionará para que lo hagan, aunque deberán animarlos a expresar sus motivos de oración.

Secretario

Esta persona llevará un registro pormenorizado de los miembros y de los visitantes a la célula. También será responsable de facilitar y distribuir cualquier material impreso que se vaya a emplear en la reunión y preparar los informes regulares sobre la marcha de la célula para la administración de la iglesia. En ese sentido, es muy importante que la iglesia organice un sistema eficiente y sencillo para mantener al día los informes de cada célula en cuanto a asistencia, miembros, visitantes y profesiones de fe.

El secretario debe tener toda la información al día y hacerla llegar periódicamente a la oficina de la iglesia. De esa manera se tendrá un control de lo que pasa en las células y se sabrá con exactitud cuáles células realmente están en funcionamiento. El secretario es una pieza importante para mantener el orden del grupo y para mantener informada a la iglesia de lo que va pasando con la célula.

Anfitrión

Es la persona en cuya casa o local se efectúa la reunión. En caso de que la reunión se realice en diversos hogares, este cargo desaparece. Si el anfitrión no es cristiano, no deberá ser considerado como miembro del equipo, ya que como hemos mencionado antes, estos deben ser creyentes comprometidos con la doctrina y visión de la iglesia.

Es importante que el anfitrión haya sido instruido en los principios y las prácticas que norman el ambiente de las reuniones. El anfitrión debe tener claro que la célula que funciona en su casa no es de su propiedad, sino que se trata de la obra de la iglesia. Por tanto, debe sujetarse a las normas y principios que la iglesia establezca. Si por alguna razón ya no quisiera seguir ofreciendo su hogar o no quisiera sujetarse a los lineamientos de la iglesia, la célula deberá pasar a otra casa.

Las funciones pueden distribuirse entre los miembros cuando una célula tiene cinco o más miembros. Por ejemplo, si la célula consta solo de tres personas, cada uno puede ocupar dos de estas funciones.

No todas las iglesias establecen un equipo como el que acabo de describir, algunas llegan a decir que no es necesaria tal cosa. Sin embargo, a la luz de la experiencia de muchas congregaciones, creo que se trata de un paso necesario para el desarrollo y la estabilidad del trabajo de cada célula.

Algunas iglesias recogen ofrendas durante la reunión, por lo que tienen disposiciones específicas para esto y eligen un tesorero como parte del equipo.[2] En nuestro caso, aunque no reunimos ofrendas de manera regular, tenemos proyectos específicos que apoyamos. También las células están autorizadas para ayudar a alguno de sus miembros en cualquier necesidad a través de una ofrenda de amor.

En síntesis, debemos recalcar que un equipo de trabajo es importante para el desempeño y desarrollo de una célula. Si bien el líder tiene la responsabilidad de conducir el trabajo, es imposible que pueda realizarlo de manera eficaz sin la colaboración y ayuda de los miembros de la célula. La formación del equipo procura responder a esta realidad.

Cuando se forma un equipo, no solo se distribuyen responsabilidades, sino que también se logra un mayor compromiso entre todos los integrantes haciendo que la célula cumpla más eficazmente con su cometido.

---

2. Salvador Sabino, *Células de koinonia* (Miami: Editorial Vida, 2003), p. 79.

Preguntas de Repaso

1. ¿Qué fundamento nos provee la Biblia para organizar un equipo de trabajo en las células?

2. ¿Por qué es necesaria la formación de un equipo en las células?

3. ¿Cómo se hace posible la formación del equipo?

4. ¿Qué características deben tener los miembros del equipo de células?

5. Enuncie cuáles deben ser los miembros del equipo de las células.

6. ¿Cuáles son las obligaciones del líder y del asistente?

7. ¿Qué tareas deben cumplir el coordinador de oración y el de adoración?

8. ¿Qué funciones ejercen el secretario y el anfitrión de las células?

CAPÍTULO 8

El líder de la célula

El liderazgo es una de las áreas más importantes en cualquier organización. Alguien ha dicho que el «método» de Dios son las personas. Dios obra a través de personas dispuestas a seguirle y asumir las responsabilidades que el servicio cristiano trae consigo. Un examen de la Escritura lo demuestra.

Por ejemplo, cuando el Señor quiso elegir un pueblo para sí, llamó a Abraham y a su descendencia. Cuando quiso liberar a Israel de la esclavitud, escogió y convocó a Moisés. Josué fue el encargado de introducir al pueblo en la tierra, y cada uno de los jueces fue llamado por el Señor para guiar al pueblo mientras se desarrollaban como nación. Cada uno de los profetas también fue ungido por el Señor para proclamar su Palabra.

En el Nuevo Testamento, Jesús escogió a doce hombres a los que llamó apóstoles (enviados) y a quienes encomendó la tarea de cuidar y expandir la iglesia por todo el mundo. Entonces, el cuerpo de Cristo está compuesto por hombres y mujeres, llamados por el mismo Señor, que deben llevar adelante su ministerio.

El papel del líder es importante y vital dentro del trabajo de la iglesia basada en células para conducir y desarrollar la tarea. Sin líderes que conduzcan nuevas células, no hay multiplicación de ellas, y sin dirigentes idóneos, no hay una tarea eficaz.[1]

Relación y comunión con Dios

El líder eficaz es alguien que tiene una relación profunda y segura con Dios. El primer requisito del líder es ser un cristiano nacido de nuevo. Esto podría sonar innecesario, pero es fundamental. Un líder de célula debe estar seguro de su salvación y de conocer a Jesucristo como su Señor y Salvador. Sería imposible cumplir con esta tarea y dar fruto que exalte el nombre de Jesucristo sin que se cumpla este requisito fundamental. Antes de examinar la vida de los demás, el líder debe observar la suya y estar seguro de que Jesús es su Salvador en su propia experiencia individual.

Por otro lado, el líder debe ser alguien que procura desarrollar una vida de comunión permanente con Dios. Cada creyente necesita de ese acercamiento diario con el Señor, y para el líder esto no debe ser diferente, sino una mayor necesidad. El líder, como cristiano, debe presentarse cada día delante del Señor, «…para ofrecer sacrificios espirituales aceptables a Dios por medio de Jesucristo» (1 Ped. 2:5).

El saber que nuestros pecados son perdonados nos fortalece, y una decisiva comunión con Dios y su Palabra nos ilumina y nos dirige a hacer la voluntad de Dios. Es posible que el líder de la célula no tenga tiempo para muchas cosas, pero su vida devocional no puede descuidarse en un horario diario, apartando

---

1. Una buena discusión sobre el papel de los líderes de célula se encuentra en libros como *Explosión de Liderazgo* por Joel Comiskey y en *8 Hábitos de los líderes eficaces de grupos pequeños* por Dave Earley.

un tiempo prudencial para la comunión con Dios y la búsqueda de la presencia del Señor, fortaleciéndose en Él y creciendo en el conocimiento y la gracia de nuestro Señor Jesucristo.

No podemos dejar de enfatizar que el líder de la célula, al igual que cualquier otro cristiano, necesita alimentar su alma de las verdades, promesas, mandatos y ejemplos de la Palabra de Dios. Es preciso, por lo tanto, que el líder de la célula establezca un plan diario de lectura y estudio de la Palabra de Dios. No debe permitirse una lectura casual, al azar, y mucho menos, solo para preparar los temas de la célula. Abundan muchos planes para leer la Biblia a lo largo de todo el año que el líder debe utilizar y seguir con consistencia para siempre estar en contacto con la Palabra de Dios.

Su acercamiento a la Palabra debe ser como la del profeta que decía, «…Habla, porque tu siervo oye» (1 Sam. 3:10), y debe preguntar como Saulo de Tarso, «…Señor, ¿qué quieres que yo haga?…» (Hech. 9:6). El objetivo fundamental de la lectura de la Palabra de Dios es alimentar nuestra alma y fortalecer nuestra conciencia como discípulos de Jesucristo para que podamos vivir vidas que sean agradables al Señor. El líder cristiano de la célula necesita acercarse a Dios mediante su Palabra para alimentar su propia alma. Por eso repetimos que debe establecer un plan sistemático de lectura bíblica al que debe mantenerse fiel.

Un líder fiel de célula se alimenta de la Palabra y se sostiene en sus promesas y verdades para afrontar con éxito cada desafío de la vida y cada reto ministerial que se le presente. No sería correcto que se acerque a la Biblia solo para prepararse para compartir el texto asignado. Lo hará, en primer lugar, para nutrir su alma y conocer más a su Dios.

Por otro lado, debe también dedicar tiempo cada día para hablar con Dios. La lectura de la Biblia y la oración están vinculadas como las dos caras de una misma moneda. El rey David lo muestra cuando dice, «Me anticipé al alba, y clamé; esperé en tu palabra. Se anticiparon mis ojos a las vigilias de la noche, para meditar en tus mandatos» (Sal. 119:147-148). Cuando dedicamos un tiempo a escuchar la voz de Dios en su Palabra, tendremos también la necesidad de hablar con Él y de expresarle nuestras alabanzas, necesidades y pensamientos.

Es maravilloso ver cómo la Palabra de Dios nos alienta a través de sucesivos pasajes para que oremos de manera permanente. La Biblia dice, por ejemplo, «orad sin cesar» (1 Tes. 5:17), y que seamos, «constantes en la oración» (Rom. 12:12). Muchos otros textos nos animan y exhortan a dedicar una parte de nuestra vida diaria a hablar con Dios.

En un mundo de tanta agitación y en donde parecería que el tiempo no alcanza para nada, es de una gran importancia que nos ocupemos de nuestra vida devocional con dedicación y esmero. Necesitamos del Señor en cada paso que damos en nuestras vidas y para cada área de nuestra existencia.

Un líder fiel dedicará un tiempo a orar por sí mismo. Él sabe que necesita de la ayuda y la gracia de Dios para su propio caminar con el Señor. Debe pedir a Dios por su propia vida cristiana, para ser librado de las tentaciones, para tener una clara conciencia de la voluntad y presencia de Dios, y también que le dé buen éxito en la tarea y en las responsabilidades que tiene por delante.

Su vida de oración no se agota al pedir por él mismo, también deberá orar por los demás. La Biblia en ambos Testamentos nos presenta el ejemplo de grandes líderes de Dios quienes clamaban ante el trono de la gracia a favor de su pueblo y también por otros. Abraham intercedió por Lot y por los habitantes de Sodoma. Moisés clamó a favor del pueblo de Israel, Samuel llegó a decir, «Así que, lejos sea de mí que peque yo contra Jehová cesando de rogar por vosotros; antes os instruiré en el camino bueno y recto» (1 Sam. 12:23). Como pueden ver,

Samuel entendía que su labor ministerial incluía la oración y la instrucción del pueblo de Dios.

Jesús es el gran Sumo Sacerdote en el Nuevo Testamento, el gran Intercesor quien está delante del trono de Dios abogando por nosotros (Rom. 8:34; Heb. 7:25). Las cartas del apóstol Pablo son un ejemplo hermoso de cómo este siervo de Dios oraba a favor de las iglesias a las cuales había ministrado (Fil. 1:3-4; Col. 1:3; 1 Tes. 1:2).

El líder necesita presentar delante del trono de Dios a todos y cada uno de los miembros de su célula. Debe pedir que Dios les conceda ser llenos de su voluntad y crecer en el conocimiento de Dios para que vivan vidas dignas del Señor (Col. 1:9-10). Los líderes deben interceder por las necesidades de los miembros de la célula, y a la vez, orar por aquellos que no conocen a Jesucristo para que Dios les conceda la salvación de sus almas. También el líder dedicará algo de su tiempo de oración para interceder por los demás compañeros en el ministerio, los líderes de célula, los líderes de zona o circuito, el pastor y los miembros de la iglesia. Sin esta labor diaria de intercesión no habrá resultados duraderos y reales. La oración no es secundaria, sino un asunto vital. Quien da el crecimiento en el orden espiritual es Dios, no nosotros.

Dios puede usar a una persona como líder sin importar su tipo de personalidad o calificación académica, pero no usará a alguien que no ora ni busca el rostro de Dios cada día. Esta es una de las más importantes tareas del líder de la célula. Rick Warren dice en su libro sobre el liderazgo basado en el libro de Nehemías, «el líder hace muchas cosas más, además de orar… pero no hace nada antes de orar».[2]

---

2. Rick Warren, *Liderazgo con Propósito* (Miami: Editorial Vida, 2005), p. 29.

Visión y planificación

El líder eficaz es alguien del que podríamos decir simbólicamente que, «verán visiones» y «soñarán sueños» respecto a su célula (Hech. 2:17). El deberá desear que su célula pueda crecer sana y desarrollarse hasta el punto de poder multiplicarse. La Biblia dice que la fe es «...la certeza de lo que se espera, la convicción de lo que no se ve» (Heb. 11:1).

El líder eficaz soñará con una célula dinámica, orará por la intervención soberana del Señor y creerá que le fortalecerá para que se haga su voluntad. El líder de una célula no debe dejarse dominar por un espíritu pesimista. Puede que las cosas no estén saliendo bien en el momento, sin embargo, el líder debe pensar en términos de fe. No puede permitir que la idea de que «nada sucede, no importa lo que yo haga» controle su quehacer y sus pensamientos. Necesita buscar la voluntad de Dios y preguntarse cómo debiera lucir esa voluntad en su grupo, para luego creer que Dios lo hará posible.

Pero no puede quedarse solamente en grandes ideas, buenos propósitos y deseos maravillosos. Alguien ha dicho que «visión sin acción, es solo ilusión». No basta solamente con soñar despierto y suspirar por un futuro que nunca llega. Cuando Débora convocó a la guerra contra Amalec, se dice que la tribu de Rubén tuvo «...grandes resoluciones del corazón» (Jue. 5:15-16), pero luego se preguntó por qué se quedaron entre los rebaños de las ovejas sin salir a la batalla. Las resoluciones son importantes, pero también hay que dar los pasos necesarios para que los propósitos se hagan una realidad.

Una de las formas para lograr esto es establecer metas específicas. Piensa qué es lo que al Señor le gustaría ver en sus miembros en el futuro, y luego escríbelo en términos de una meta. Piensa en relación con el cumplimiento de la Gran Comisión y formula metas específicas para realizar la tarea de evangelización en la célula. Luego compártelas con tu grupo y verás cómo eso animará a los miembros para realizar la tarea. Otro dicho popular muy cierto dice, «el que a nada le apunta, a nada le da». Si esperamos nada, es probable que eso sea lo que suceda.

Contactos personales

Dedicar un par de horas cada semana a tener contactos evangelizadores puede producir una gran diferencia en la célula. Puedes ir acompañado por uno de los miembros de la célula y también animar a que otros hagan lo mismo. Es muy posible que la célula alcance sus propósitos evangelizadores de esta manera. Se sabe que los líderes de célula que dedican tiempo a la evangelización tienen mayor posibilidad de ver crecer su grupo y multiplicarlo.

El líder tampoco debe olvidar a los miembros de la célula durante la semana. La planificación es muy importante para no actuar al azar. Es importante planear una reunión personal con uno o dos miembros de la célula a la vez. Podría ser a la hora de las comidas o en cualquier otro momento en que, tanto el líder como los miembros estén disponibles. La meta es que el líder haya pasado un tiempo con cada miembro, de manera personal. Por supuesto que también se pueden aprovechar las ventajas de la tecnología para comunicarse con ellos. Sin embargo, el contacto personal con los miembros de la célula durante la semana contribuirá a unificar al grupo y a fortalecer el ministerio.

Preparación

Un líder eficaz debe prepararse con tiempo para compartir la Palabra de Dios en la reunión de la célula. Recuerdo muy bien el ejemplo de mi madre, quien solía preparar diariamente algo de lo que iba a enseñar durante la lección para la clase de los niños en la escuela dominical el domingo por la tarde. Su responsabilidad me hizo entender la importancia de prepararse bien para poder servir al Señor y darle la gloria que merece.

El líder de la célula debe también prepararse con tiempo y en profundidad. No debe esperar que solo falte media hora para dar el tema para leer el pasaje bíblico de manera apresurada. Por el contrario, una vez que sepa cuál es el pasaje asignado, debe meditarlo, estudiarlo y pensar en la mejor manera de entregarlo para que todos sean edificados y participen activamente.

Es fundamental que la forma de compartir el pasaje bíblico sea interactiva. Se deben emplear preguntas abiertas y cerradas (preferiblemente las primeras), buscando no solo una mejor comprensión del texto, sino sobre todo, de qué manera este se aplica en la vida. Las preguntas «abiertas» son las que admiten varias respuestas posibles. Por ejemplo, en el pasaje de San Juan 3, cuando Jesús habla con Nicodemo, podríamos preguntar, «¿qué les parece la respuesta de Jesús en el versículo 3 ante la afirmación de Nicodemo?». Esta pregunta suscitaría varios comentarios diferentes que podrían ser todos admisibles. En cambio, una pregunta cerrada es la que no admite más que una respuesta posible. En el mismo pasaje, una pegunta cerrada sería, «¿qué le dijo Nicodemo a Jesús cuando lo vio?». Las preguntas cerradas pueden tener valor al asegurar que se entiende un texto, pero las abiertas nos ayudan no solo a despertar la participación de la gente, sino también a ayudarlos a pensar en cómo se aplica el texto a su vida.

No es necesario que sean muchas las preguntas planteadas; recuerden que no se trata de una especie de «examen escolar», sino de motivar la participación para poder entresacar entre todos la verdad bíblica, ayudándose y animándose mutuamente a vivirla.

Nosotros en la iglesia hacemos lo siguiente: Repartimos una hoja con preguntas sobre el texto de la semana. La mayoría son preguntas abiertas (¿cómo te sientes?, ¿qué te parece?, ¿qué impresión te da?, ¿cómo se aplica?, etc.) que sirven para fomentar la conversación y guían a los participantes a pensar en cómo aplicar el texto a su vida.

Crecimiento personal

El líder eficaz debe ser alguien que está dispuesto a seguir creciendo en el Señor. Debe aprovechar todas las oportunidades que la iglesia ofrece para estudiar y prepararse. Esto debe ir acompañado, como ya dijimos, de una vida devocional activa que incluye un plan de lectura personal que lo ayude a seguir progresando en la fe y desarrollándose en el ministerio. Un buen estímulo para el crecimiento lo ofrecen la lectura sistemática de buenos libros y los recursos que se ofrecen en línea, los cuales son una magnífica herramienta para el desarrollo personal. Siempre hay espacio para el crecimiento y debemos aprovecharlo, ya que siempre se puede aprender algo útil.

Mentoría

Una importante labor del líder eficaz consiste en procurar multiplicarse en otros. El apóstol Pablo le recomienda a Timoteo, «lo que has oído de mí ante muchos testigos, esto encarga a hombres fieles…» (2 Tim. 2:2). Pablo esperaba que su hijo espiritual, Timoteo, enseñara a otros hombres para que estos hicieran lo mismo.

Eso es exactamente lo que debemos hacer. El líder debe procurar enseñar lo que él sabe a otro hermano, quien también podría llegar a ser un líder. Una de sus tareas es identificar a alguien en su grupo con quien compartirá con más frecuencia, con el fin de enseñarle para que pueda llegar a ser un buen líder en el futuro. Esta es una de las muchas maneras que un líder debe considerar para que su ministerio pueda crecer.

Eso es lo que hicieron los creyentes durante los primeros siglos del cristianismo. Los seminarios aparecieron en la escena cientos de años después. Eso es lo que hizo la iglesia en Rusia cuando los seminarios fueron cerrados. Los pastores, siguiendo el modelo de Jesús, escogieron hombres llamados para «...que estuviesen con él, y para enviarlos a predicar» (Mar. 3:14). Y así se hace en muchas partes del mundo aun hoy en día. Aunque el futuro líder debe recibir la instrucción teórica que le proporcionará la iglesia a través de su sistema de entrenamiento, nada sustituirá la labor del líder como mentor del futuro líder.

PREGUNTAS DE REPASO

1. ¿Qué importancia tiene el líder de la célula?

2. ¿De qué manera debe el líder cultivar su relación con Dios?

3. ¿Por qué es importante que el líder tenga una visión clara?

4. ¿Qué implica la planificación en el trabajo del líder?

5. ¿Cómo puede el líder cultivar los contactos personales?

6. ¿Cómo debe prepararse el líder para hacer bien su labor?

7. ¿Cómo puede preocuparse por su propio desarrollo personal?

8. ¿Qué tan importante es que el líder sea mentor de un futuro líder?, y ¿cómo puede hacerlo?

CAPÍTULO 9

La evangelización
en las células

Importancia

Una de las tareas más importantes con las que el Señor ha honrado a la Iglesia es la evangelización. De forma sencilla podríamos decir que se trata de la proclamación de las buenas noticias sobre Jesucristo, llamando a hombres y mujeres a arrepentirse por haber vivido una vida separados de Dios y creer en Jesucristo, quien murió y resucitó a nuestro favor, tal como está anunciado en el evangelio.[1]

La Palabra de Dios nos llama una y otra vez a compartir de Jesucristo, anunciando las buenas nuevas a los que no las tienen. Existen cuatro diferentes versiones de la Gran Comisión en los Evangelios, y cada una de ellas se escribió para enfatizar ese llamado. El testimonio de la iglesia primitiva

---

1. Steve Corde, *La iglesia en muchas casas* (Miami: Oikos Latino Ministres, 2012), p. 68.

en el Libro de los Hechos indica que la evangelización es la columna vertebral de la misión de la Iglesia en el mundo.

Cuando el apóstol Pablo escribe a los Romanos, recuerda la maravillosa verdad de que «...todo aquel que invocare el nombre del Señor, será salvo» (Rom. 10:13). El evangelio es el mensaje de Dios que debe ser proclamado a todos los pueblos y naciones. Sin embargo, esta hermosa comisión va acompañada en la reflexión de Pablo con una serie de preguntas esenciales: «¿Cómo, pues, invocarán a aquel en el cual no han creído? ¿Y cómo creerán en aquel de quien no han oído? ¿Y cómo oirán sin haber quien les predique?» (Rom. 10:14).

Todos aquellos que están «...sin esperanza y sin Dios en el mundo» (Ef. 2:12) no podrán llegar al Señor si no hay quien los evangelice. El apóstol Pablo agradece el hecho de que Dios haya escogido a los creyentes «para salvación», pero luego establece que «a lo cual os llamó mediante nuestro evangelio...» (2 Tes. 2:12-14).

Aunque Dios salva y escoge por gracia a los pecadores en Su soberanía desde la eternidad, esta salvación se hace efectiva mediante la exposición del evangelio. La proclamación de las verdades de la salvación a través del sacrificio de Cristo es el medio por el cual Dios llama al pecador. Esta declaración solo confirma el imperativo de la tarea de evangelización para los creyentes.

Si la célula replica la vida de la iglesia en todas sus áreas, entonces podemos afirmar que la evangelización es uno de los elementos básicos y fundamentales de las células. Se trata de un imperativo bíblico. No es una sugerencia, y menos una invención contemporánea. Algunos grupos solo se reúnen para fortalecer la comunión, o para cultivar sus vidas en el Señor. Aunque estos son propósitos igualmente bíblicos, la falta de evangelización hará que la célula permanezca incompleta.

La evangelización es uno de los aspectos fundamentales de nuestra definición de células. La célula deja de lado una de sus razones de ser más importantes si abandona u olvida la evangelización. No podemos olvidar que las células que se reúnen «fuera del templo» tienen una magnífica oportunidad de hacer contacto con personas que no conocen al Señor. Sería un grave error tener una reunión estando tan cerca de la gente sin Cristo, solo para darles la espalda y dedicarnos exlusivamente a cuidar a los creyentes.

Esto último es clave. El hecho de que las reuniones de las células se realicen en las casas de familias o en cualquier otro lugar «fuera de templo», nos coloca en la magnífica posibilidad de hacer contacto cercano con un sinnúmero de personas que de otra manera nunca escucharían el evangelio.

Durante el verano en Nueva York, donde yo resido, mucha gente aprovecha el calor para ir a los parques de la ciudad y disfrutar al máximo las temporadas relativamente cortas con temperaturas altas. La hermana Josefina Baez aprovecha eso para trasladar su célula al parque. Los cristianos se acercan, la gente se acerca y muchos terminan incorporándose al grupo.

La hermana ha usado esas oportunidades para evangelizar a algunas personas que hoy ya son miembros bautizados de nuestra iglesia. Como hemos dicho desde el principio, algunas células se reúnen en talleres de mecánica, salones de belleza u hogares de ancianos, en donde se acerca la Palabra de Dios a gente que por diversas razones nunca se acercará a los edificios de las iglesias.

Todos sabemos que las iglesias emplean campañas evangelísticas, literatura, radio y televisión, redes sociales, arte y muchos otros medios. Todo intento legítimo de evangelización debe ser bienvenido. Pablo decía que buscaba identificarse con la gente que tenía delante, «...para que de todos modos salve a algunos» (1 Cor. 9:22). Debemos emplear todos los medios a nuestro alcance para llevar adelante esta tarea.

Las células ofrecen una magnífica oportunidad para evangelizar. Los hogares proporcionan un ambiente natural para desarrollar esta tarea. El Dr. Daniel Sánchez ha realizado unos estudios que muestran que los hispanos están más dispuestos a asistir a una reunión en un hogar que a acudir a un templo evangélico. Él afirma que, «el fuerte énfasis de la cultura hispana en las relaciones centradas en la familia y amigos se presta para el establecimiento de grupos celulares».[2]

Veamos ahora algunas características particulares de la evangelización dentro del contexto de las células:

La evangelización es relacional

La evangelización en las células es de carácter relacional. Existen otras formas de evangelización que son más directas y formales; la evangelización en la célula es más gradual y relacional.

Las relaciones personales son las que determinan el trabajo evangelizador en las células. Todos nosotros tenemos relaciones personales cercanas con familiares, amigos, compañeros de trabajo y muchos conocidos. Este mundo de relaciones es nuestro campo más inmediato para evangelizar.

El Dr. Ralph Neighbour acuñó la expresión «*oikos*» para referirse a estas diferentes relaciones.[3] Esta es una palabra griega que significa «casa». El «*oikos*» son todas las relaciones que tenemos a nuestro alrededor.

En el Nuevo Testamento se emplea este término tanto para la vivienda física, como para el vínculo con familiares y amigos. En la historia de la conversión del carcelero de Filipos,

---

2. Daniel Sanchez, Realidades Hispanas que impactan a América: implicaciones para la evangelización y misiones (Fort Worth: Church Starting Network, 2008), p. 255.

3. Ralph Neighbour, Where do We go From Here? (Houston: Touch Publications, 1990) pp. 114-121.

encontramos cómo se emplea el término en ambos sentidos de manera intercambiable (Hech. 16:31-34).

Podríamos decir que todos tenemos un «*oikos* inmediato» compuesto por los familiares más cercanos y los amigos que vemos cada semana por lo menos por una hora. Son las personas más cercanas y próximas a nosotros. También tenemos un «*oikos* extendido», compuesto por vecinos que saludamos de vez en cuando, compañeros de trabajo y gente que vemos con frecuencia en la semana. Esta gente constituye contactos frecuentes en nuestro diario devenir.

Todos tenemos también un «*oikos* potencial», que es la gente con la que nos encontramos en el transporte público o las personas que podemos ir a visitar o conocer para compartirle de Cristo de forma intencional. Entonces, el *oikos* está compuesto por estos diferentes niveles que podrían llegar a incluir a unas 20 personas.

Si le pedimos a cinco miembros de una célula que cada uno haga una lista de oración por diez de esos «*oikos*», es muy probable que esa pequeña célula esté orando por unas cincuenta personas cada día. Si ese tiempo de oración permaneciera durante todo un año, es muy probable que esa célula vea a varias de estas personas venir a Cristo.

Una iglesia con cinco, diez, veinte o más células, estará orando por cientos de personas en una campaña permanente de oración que llevará a la evangelización. ¿Se dan cuenta de que el potencial es ilimitado? Si somos fieles, veremos respuestas a la oración, y si nos esforzamos en testificarles, veremos frutos a su tiempo «…si no desmayamos» (Gál. 6:9).

Cuando todos los miembros de las células son desafiados a desarrollar su labor evangelizadora alrededor de las células, la iglesia no tiene que depender de campañas evangelísticas de temporada, ni tampoco tendrá necesidad de profesionales religiosos especializados que solo serán observados por la congregación mientras evangelizan. «Y todos los días, en el templo y por las casas, no cesaban de enseñar y predicar a Jesucristo» (Hech. 5:42).

Creo que la evangelización no solo es una tarea por cumplir, sino que también es una de las bendiciones más grandes de la Iglesia. Ver a hermanos sencillos y sinceros compartir de Cristo, orar por la gente e invitarlas a su célula, produce gran gozo y sin duda reporta resultados.

Todos los miembros de las células tienen un gran número de relaciones y contactos personales que necesitan conocer a Cristo. Ese es nuestro campo misionero cercano que no debemos perder de vista.

La evangelización es intencional

La evangelización en las células nunca ocurrirá de manera automática, sino que debe ser enfatizada de manera repetida e intencional. Hay que recordarles continuamente a los miembros de la célula sobre nuestra responsabilidad evangelística y enseñarles cuál es nuestra misión. Debemos estar atentos porque a menudo los grupos tienden a cerrarse en sí mismos, en lugar de abrirse a los *oikos* que los rodean.

Las células permiten y fomentan la familiaridad y la comunión entre sus miembros. Por eso ellos se sienten cómodos entre sí y disfrutan del compañerismo. Lo malo es que pueden llegar a perder de vista la tarea evangelizadora y terminan enfermándose de «koinonitis». Por otro lado, existe el peligro de que la reunión celular caiga en una rutina descuidada que enfría a los miembros, y por consiguiente, hace que ellos pierdan de vista la tarea fundamental de la evangelización.

Otro problema muy común es el temor de algunos de los miembros a compartir la Palabra con otras personas, o la falta de prioridades que no permiten que la gente dedique algo de tiempo a la tarea de compartir de Cristo con otras personas.

Una visión distorsionada de la doctrina de la gracia también puede atentar contra la misión de la iglesia y la tarea evangelizadora. La idea de que los elegidos llegarán de todas maneras a la Iglesia, puede hacer que se olvide el llamado y el mandamiento divino a la evangelización por parte de la Iglesia (2 Tes. 2:13-14).

La evangelización es práctica

Hay formas prácticas de evangelización que involucran a todos los miembros de las células.[4] Una buena idea que ya hemos comentado es que se les pida a todos los participantes que hagan una lista con diez personas de su «*oikos*» por quienes van a orar cada día y con quienes se comprometerán a darles el testimonio de Cristo, compartiendo con ellos el evangelio e invitándolos a las células.

La oración continua por estas personas hará una enorme diferencia. No olvidemos que la obra de la salvación la hace solo Dios desde el principio hasta el final. Por lo tanto, la oración intercesora debe ser parte esencial de las actividades de la célula durante todo el año.

Es importante animar al grupo a que inviten a sus *oikos* a las reuniones de la célula. Los líderes pueden pensar en formas creativas de animar a sus miembros para que no asistan solos, sino que inviten a personas nuevas.

---

4. Ideas sobre evangelización en las células se encuentran en el libro de Joel Comiskey, *La explosión de los grupos celulares* (Barcelona: 2000), pp. 109-150.

La hermana Gloria es una de las más entusiastas en nuestra iglesia. Cada semana ella busca alguna manera creativa de llamar la atención y atraer a los miembros de la célula para hacer la reunión más interesante y participativa, animándolos a invitar a nuevas personas. Ella también aprovecha cada oportunidad para compartir de Cristo aun con la gente que trabaja.

Gloria y otros de nuestros líderes entienden que esta tarea pertenece a todos y no solo al líder o al anfitrión. Por eso están animando continuamente a todos a hacer la parte que les corresponde y a esforzarse cada semana en invitar a alguien a la célula.

Una idea interesante y creativa de algunas células es poner una silla más en la reunión que permanece vacía como un recordatorio al grupo de que solo debe ser ocupada por algún invitado en la siguiente reunión. Esto les recuerda a todos que tienen una obligación hacia la tarea evangelizadora.

Otra idea bastante útil es que la célula rote entre los hogares anfitriones cada cierto período de tiempo. Esa rotación puede dar oportunidad a que personas que no asisten a un hogar puedan participar cuando la reunión es en otro lugar. Esto podría permitir descubrir que hay ciertos hogares donde hay una mayor participación. Eso puede significar que la célula debe funcionar en ese hogar o que en la próxima multiplicación se considere abrir una célula en ese hogar para poder aprovechar el potencial evangelizador de esa familia.

Una de las maneras en que incentivamos a nuestros líderes es pidiéndoles que de vez en cuando realicen una reunión especial como una cena, la celebración de un cumpleaños o que aprovechen los días festivos como Navidad para realizar una reunión e invitar a nuevas personas.

La hermana Gloria, de quien acabo de hablar, preparó una reunión a la que tituló «El Verdadero Amor», con ocasión del día del amor y la amistad. Muchas personas nuevas participaron.

Ella siempre busca una forma creativa de atraer nuevas personas a la reunión. Ella y otros de los líderes han proyectado películas para el grupo, y han llevado a cabo otras formas creativas para atraer visitantes a las reuniones. La variedad puede ser un factor que no podemos olvidar al momento de tratar de animar a otros a que visiten la célula.

También se pueden hacer visitas a personas que muestren interés de conversar del evangelio. Estas personas pueden ser parte de la lista de uno de los oikos de la célula, o quizás una persona que ha visitado uno de los servicios de la congregación. Además, se puede visitar casa por casa, invitando gente a la reunión de la célula u ofreciendo orar por los vecinos.

Conozco una iglesia en Newark, Nueva Jersey, cuyo pastor organiza una cena típica latinoamericana cada mes para que los miembros de las células inviten a sus amigos. Durante la comida se comparte el evangelio y muchos son invitados a las células. Nuestra iglesia lleva a cabo un culto especial de evangelización cada trimestre en el auditorio de una escuela en el que se incluye comida. Siempre animamos a los miembros de las células a que inviten amigos y vecinos. La gente que hace profesión de fe es asignada a una célula.

Otra manera de evangelización se relaciona con la identificación y satisfacción de necesidades en el vecindario. También se exhorta a los miembros de las células a que estén atentos a las crisis de la vida. Hay personas que pasan por situaciones difíciles a las que podemos ayudar con el consuelo de Cristo y su Palabra.

Algunas iglesias enfatizan la evangelización durante la última semana de cada mes y animan a las células a hacer un esfuerzo especial para visitar e invitar personas a su reunión. El objetivo es realizar una reunión evangelizadora en la congregación el domingo de esa semana.

Lo más importante en todo esto es mantener la continuidad y la persistencia en el trabajo sin bajar la intensidad. Se ha dicho que no todos los terrenos producirán la misma cosecha, pero todos pueden ser sembrados. Hagamos la tarea recordando la frase, «emprendamos grandes cosas para Dios y esperemos grandes cosas de parte de Dios».

PREGUNTAS DE REPASO

1. ¿Qué tan importante es la evangelización para el trabajo de la iglesia?

2. ¿Qué quiere decir que la evangelización debe ser intencional en las células?

3. ¿En qué consiste la evangelización relacional en las células?

4. ¿Qué ideas prácticas se pueden desarrollar para fomentar la evangelización en las células?

CAPÍTULO 10

El discipulado
en las células

Fundamentos

La evangelización, entendida como proclamación de la obra de Cristo en la cruz con un llamado al pecador a creer y a arrepentirse, es la columna vertebral de la misión de la Iglesia en el mundo. Sin embargo, es bueno enfatizar que nuestra tarea no termina cuando la gente hace una profesión de fe, sino que continúa más allá de la conversión. Debemos asegurarnos de que el creyente crezca y madure en el Señor, llegando a convertirse él mismo en un servidor de Jesucristo. En el Libro de los Hechos de los Apóstoles, hay varias historias que nos recuerdan esta tarea fundamental del discipulado.

Lucas nos dice que los que habían recibido la Palabra de Dios «...perseveraban en la doctrina de los apóstoles...» (Hech. 2:40-47). Existe el testimonio de una incesante labor de enseñanza en la iglesia primitiva que se ilustra al decir que los hermanos no solo predicaban, sino que además enseñaban las verdades del Señor, manifestando un profundo trabajo de instrucción entre los nuevos creyentes y toda la iglesia en general (Hech. 5:42).

Lucas nos relata la historia de Felipe y el etíope en donde el primero le preguntó al ver que llevaba el libro de Isaías «¿entiendes lo que lees?», a lo que el tesorero de la reina contestó, «pero ¿...Y cómo podré, si alguno no me enseñare?...» (Hech. 8:30-31). Esa misma pregunta debemos hacerla mil y una vez a los miembros de la iglesia, desde los más nuevos hasta los más antiguos. A veces pensamos que los miembros más antiguos y hasta los nuevos creyentes deben conocer todas las doctrinas bíblicas y entender todas las consecuencias de su fe en la vida diaria, pero sin que alguien se haya ocupado de enseñarles. Y quizás ellos estén diciendo para sus adentros, «pero ¿cómo puedo saber si no ha habido quién me enseñe?» La expresión empleada por el autor bíblico para «enseñar» tiene la idea de «guiar», y justamente eso es lo que necesitan los nuevos creyentes.

Este ha sido con frecuencia el punto débil de muchos esfuerzos evangelísticos. En ocasiones se realizan campañas evangelísticas costosísimas en grandes ciudades, pero los resultados son mínimos. La mayoría de las profesiones de fe no se conservan. Las propias congregaciones tienen sus esfuerzos evangelísticos con profesiones de fe que a menudo se pierden por falta de atención de los creyentes maduros para con los nuevos hermanos.

¿Qué es discipular?

Sin pretender dar una definición elaborada y amplia de este concepto, diremos simplemente que discipular es enseñar a los creyentes a obedecer a Jesucristo como Señor y Salvador de sus vidas. Estamos hablando de un proceso de toda la vida que abarca todo el tiempo de nuestra experiencia cristiana en este mundo.

Sin embargo, para ser más específico, al hablar de discipulado estamos enfocando nuestra atención en los nuevos hermanos que profesan la fe. Nuestra tarea es ayudarlos a entender las promesas y los mandatos de la Palabra de Dios para que puedan integrarlos en sus vidas y aplicarlos en todas las áreas de sus vidas.

Aunque se trata de una tarea tan completa como permanente, eso no significa que sea complicada. Por lo menos no lo parece así a la luz de la Palabra de Dios. Los nuevos creyentes deben ser afirmados en la fe de Jesucristo y provistos de una seguridad de salvación basada en la gracia de Dios y en la obra de Jesucristo en la cruz del calvario. Al mismo tiempo, es preciso dotarlos de los recursos y herramientas que puedan ayudarlos a crecer espiritualmente en su vida cristiana. Todos nosotros podemos involucrarnos en esta labor y debemos hacerlo porque es un mandato del Señor.

Un creyente con algún tiempo en los caminos de Dios puede compartir de lo que ya sabe a un hermano nuevo. Puede enseñarle con sencillez las razones para orar y cómo hacerlo, y puede ayudarlo en sus lecturas iniciales de la Biblia, ayudándole a entender lo que va leyendo.

Creyentes de más experiencia pueden enseñar a sus nuevos hermanos a obedecer en todas las áreas de la vida, reconociendo a Dios como Señor y ayudándoles a entender las provisiones que Él ha hecho para nosotros a través de su Espíritu Santo y su Palabra. Acompañar a un hermano nuevo y guiarlo por todas estas disciplinas espirituales no será difícil de ejecutar si es que hay disposición para hacerlo. No hay duda de que traerá mucho provecho a la vida del nuevo creyente.

Discipulado espontáneo

Una de las maneras más efectivas para discipular a los nuevos creyentes y ayudar a los demás en el caminar de la fe, es incorporándolos a las células. El Dr. Avery Wills dice en su libro *Vida del Discípulo*, que la mejor manera de discipular a los nuevos hermanos es mediante su incorporación a un grupo pequeño. La experiencia de la iglesia primitiva nos enseña que los primeros líderes de la iglesia no dejaban de enseñar de Jesucristo tanto en el templo como en las casas.

Como podemos ver, la tarea del discipulado puede ser más eficiente si es llevada a cabo tanto en las facilidades del edificio de la iglesia como también en las casas. El templo permite que haya aulas y demás elementos pedagógicos que facilitan las clases formales, pero el ambiente informal y espiritual de la célula garantiza una mayor interacción y una aproximación más práctica al discipulado y a la enseñanza. Por otro lado, hoy existen muchos materiales impresos que se pueden emplear para esa labor, pero no son necesariamente esenciales para la tarea del discipulado.

Se dice que la diferencia entre la conservación de los nuevos creyentes de las campañas evangelizadoras de Juan Wesley en el siglo XVIII fue la creación de los grupos de estudio, compuestos por unas diez personas, que se reunían en diferentes lugares para ayudarse a crecer y a sostenerse en la vida cristiana. No hay duda de que las células proveen un ambiente que fomenta un discipulado espontáneo en los creyentes. Cuando un hermano nuevo es incorporado a una célula, esta actúa como un grupo de apoyo donde el hermano se siente incentivado a continuar en el camino de la fe. Al escuchar los testimonios de fe, las victorias y los desafíos que los hermanos tienen en su diario vivir, el hermano nuevo irá aprendiendo a tratar con estos temas en su propia vida, y lo más importante es que será desafiado a vivir la fe de la misma manera entre sus hermanos que lo están observando.

Un hermano nuevo que participa semana a semana de la oración en común, irá apoderándose de ese ambiente espiritual, y al orar con sus hermanos, estará en contacto con el Señor, apropiándose de sus promesas para su propia vida y la de los demás.

En el mismo sentido, el hecho de que cada semana están expuestos a la lectura y discusión de la Palabra de Dios, afianzará en los hermanos nuevos las verdades de la vida cristiana, puesto que Dios irá haciendo su obra en ellos (1 Tes. 2:13). Este es uno de los elementos que más contribuye al afianzamiento y al fortalecimiento de la fe del nuevo hermano. El contacto semanal con la Palabra de Dios va a producir un efecto positivo en su corazón. Esa palabra impartida, dialogada y de alguna manera aplicada a cada uno, contribuirá sin lugar a duda a alimentar la vida de cada uno de los presentes, incluyendo al hermano nuevo en la fe.

Cuando el hermano nuevo es rodeado de un ambiente de camaradería, este fortalecerá los lazos de amor con el resto de la familia de Dios. Una atmósfera amistosa y de amor para con cada uno de los miembros de la célula dejará una huella espiritual ejemplificadora de mucho valor en el nuevo hermano. El salmo 133 afirma que donde los hermanos habitan «juntos y en armonía» Dios envía «bendición y vida eterna». La experiencia del amor fraternal en la comunidad del grupo pequeño producirá un proceso integral de edificación y crecimiento en el hermano nuevo (Ef. 4:13-16).

Por otro lado, la asistencia regular de los hermanos nuevos permitirá que los miembros de la célula estén más pendientes de las situaciones problemáticas que puedan estar presentando, y también conozcan las preguntas que puedan tener. El nuevo creyente puede compartir sus cargas en el ambiente de una célula, y también puede expresar sus preguntas, recibiendo la ayuda específica que necesita de parte de los miembros del grupo.

Por eso es muy necesario que tan pronto como una persona hace una profesión pública de fe durante un servicio (o en cualquier otro evento), esa persona sea referida a la célula más próxima a su domicilio o lugar de trabajo. El líder se pondrá en contacto con la persona y asignará a un hermano del grupo de su mismo sexo para que lo visite, confirme su decisión por Cristo y lo anime a participar de la célula.

Es importante que el miembro designado acompañe al hermano nuevo a la célula, lo presente y pueda asegurarse de que esté dispuesto a asistir semanalmente. Si este proceso de acompañamiento se lleva cabo de manera fiel, el nuevo creyente se incorporará a la vida de la iglesia de manera plena y empezará a crecer en su fe desde el primer momento.

Puedo dar testimonio de que eso es una realidad en nuestra iglesia. Durante algún tiempo desarrollamos un sistema de trabajo de evangelización semanal. Varios equipos salían a compartir la Palabra de Dios y veíamos mucha gente haciendo profesiones de fe, pero los resultados permanentes eran escasos. Al incorporar a los creyentes nuevos a las células, se produjo una gran diferencia. Las células nos están ayudando a mejorar el proceso de conservación e instrucción de los hermanos nuevos.

Discipulado intencional

Las células pueden llevar a cabo un seguimiento efectivo del hermano nuevo al proveer un discipulado intencional que lo ayude, como ya hemos dicho, a fortalecerse en el Señor y a crecer en la vida cristiana.

Algo que sugiere Ralph Neighbour es la creación de «subgrupos» o triadas dentro de la célula que estén compuestas por un hermano maduro, un creyente más joven y un hermano nuevo en la fe, para hablar de sus vidas cristianas, dar cuenta de su caminar, contestar preguntas, aconsejarse y orar unos por otros. Esta reunión se puede hacer durante un segmento de la reunión, antes de la misma o también otro día de la semana.

Otra manera de dar seguimiento a un creyente nuevo es asignándole un hermano que le sirva de mentor. Este se reunirá con él cada semana para instruirle en la fe usando algún material bíblico relevante, y también buscará estar pendiente de sus necesidades espirituales. Hay una gran variedad de materiales bíblicos que pueden emplearse para lograr ese propósito. La iglesia determinará cuál es más apropiado para cumplir ese propósito. Lo importante es que este proceso sea continuado y se haga con diligencia y disposición.

Es muy importante que el creyente nuevo sea encaminado a participar de los servicios en el templo y que disfrute y se goce de la adoración común. Finalmente, se espera que el hermano nuevo se bautice y se convierta en un miembro responsable de la iglesia.

Senda de capacitación

Esta consiste en un currículo bien programado que tiene como objetivo conducir al hermano nuevo a través de un proceso de crecimiento en el que se le provee de las disciplinas espirituales que le ayudarán en su desarrollo espiritual. Además, se le entregarán recursos que lo conduzcan a llegar a ser un futuro líder de célula o por lo menos formar parte de un equipo de una célula nueva.

Este concepto difiere de algunos programas de capacitación en los que los hermanos son sometidos a un proceso perpetuo de preparación, pero sin que haya un objetivo claro ni que conduzca a un fin determinado. Por el contrario, la senda de capacitación tiene un comienzo y un final. Durante todo el proceso se incluyen temas como la oración, la Palabra de Dios, doctrinas básicas, liderazgo, evangelismo y mayordomía. También se tratan temas más específicos que tienen que ver con la vida de la mujer, los hombres, los jóvenes y los matrimonios cristianos.

Libros como *Hacia la Meta* del pastor Otto Sánchez y otros materiales como la reciente serie sobre Discípulos publicada por LifeWay, pueden proporcionar los recursos necesarios para formular una senda de capacitación y seguirla con toda la iglesia. Además de lo anterior, muchas iglesias incluyen uno o varios retiros espirituales cada cierto tiempo que están orientados a ayudar a los nuevos miembros con su caminar en la fe.

La intención es que cada uno de los miembros de la célula, así como cada persona que se congregue, pueda participar de estos cursos mientras se involucra en la vida de la congregación y de la célula.

PREGUNTAS DE REPASO

1. ¿Qué es discipular?

2. ¿Cuál es el fundamento bíblico para la tarea del discipulado?

3. ¿Cómo se puede discipular de forma espontánea a un creyente dentro de las células?

4. ¿Cómo se puede desarrollar una labor de discipulado intencional?

5. ¿Qué valor tiene una senda de capacitación en la iglesia y con qué recursos se puede desarrollar?

CAPÍTULO 11

La multiplicación
de las células

Fundamento de la multiplicación

L a lectura del Libro de los Hechos nos da una impresión clara del movimiento dinámico de multiplicación que se inició luego del Pentecostés y que siguió en curso durante todo el primer siglo. Lo que comenzó como un grupo de varios cientos de personas, se convirtió en cientos de miles de creyentes que literalmente invadieron todo el ámbito del Impero romano en solo 100 años.

El movimiento cristiano, cuya base era Jerusalén, iba desarrollándose y muchas personas «obedecían a la fe». Lucas señala que, «...crecía la palabra del Señor, y el número de los discípulos se multiplicaba grandemente...» (Hech. 6:7). Más adelante, la evangelización se extendió rápidamente entre los habitantes de todo el territorio de Judea, Galilea y Samaria. Lucas reseña que las iglesias de esas regiones «...eran edifica-das [...] y se acrecentaban fortalecidas por el Espíritu Santo» (Hech. 9:31).

Cuando el evangelio sale de la provincia de Judea y se interna en el mundo gentil, la experiencia siguió siendo la misma. Lucas nos dice que, «Y la palabra del Señor se difundía por toda aquella provincia [la provincial de Antioquia de Pisidia]» (Hech. 13:49). Pablo regresó a las regiones que había visitado y en las que había predicado durante su segundo viaje misionero. Su intención fue confirmar a los discípulos. Lucas lo sintetiza de la siguiente manera, «Así que las iglesias eran confirmadas en la fe, y aumentaban en número cada día» (Hech. 16:5).

La multiplicación y la reproducción de creyentes e iglesias está en el corazón mismo del movimiento cristiano. El apóstol Pablo oraba y pedía a los creyentes que oraran «para que la palabra del Señor corra y sea glorificada» (2 Tes. 3:1). Esto es cierto también para la iglesia basada en células. En el centro de su visión está la multiplicación de las células. No olvidemos que en la definición de las células está la idea de la multiplicación. Sin una visión clara de multiplicación, la vida de las células estará incompleta. Esto se debe a que la multiplicación de células facilita el cumplimiento de la Gran Comisión. Jesús dijo «…id, y haced discípulos a todas las naciones…» (Mat. 28:19).

En la medida en que abramos nuevas células, estaremos contribuyendo al cumplimiento de la Gran Comisión puesto que nuevos vecindarios, familias y personas tendrán la oportunidad de escuchar las buenas nuevas del evangelio. Nosotros predicaremos en esos lugares y el Señor añadirá a los que vendrán a Él en arrepentimiento y fe.

La multiplicación de células ofrece la oportunidad de llevar la luz del evangelio a zonas dentro de una ciudad o poblado donde hay poca o ninguna oportunidad de escuchar de la obra de Cristo. Si no facilitamos la multiplicación de células nuevas estaremos contribuyendo al estancamiento de la evangelización, y de alguna manera, nos convertiremos en un obstáculo para que otros puedan conocer el evangelio.

La multiplicación de células no se basa en una preocupación de orden numérico ni tampoco de una ambición por crecer como si fuera un fin en sí mismo. Por el contrario, se trata más bien del deseo de llegar a más personas necesitadas con el mensaje cristiano, y de que estos a su vez puedan también ser instrumentos de bendición para muchos más. En otras palabras, se trata de la visión que se encuentra en el corazón mismo del propósito de Dios.

Las etapas de las células

La multiplicación de las células no ocurre justo después de su nacimiento y menos de manera automática. El líder, por supuesto, desde el primer instante debe compartir con su grupo el requerimiento de comenzar nuevas células en el futuro, y que, por lo tanto, cada célula debe tener esa visión en su ADN espiritual. Pero al igual que cualquier otra organización humana, las células también pasan por varias etapas que de manera natural deberían desembocar en su propia multiplicación.

Veamos entonces las diferentes etapas de una célula:

A. <u>Formación</u>. Es el momento en el que un grupo de hermanos comienza a reunirse y se organiza formando el equipo de trabajo y decidiendo el horario permanente de reunión.

B. <u>Consolidación</u>. Durante este período los miembros se conocen y se va creando un sentido de comunicación y cercanía mutua. A menudo surgen problemas de interacción y de relaciones que deberán ser resueltos de una manera adecuada que consolide y no divida al grupo. Esto es parte de su desarrollo al aprender cómo tratar sus problemas de una manera correcta hasta resolverlos y darle la gloria a Dios. Es usual que este período tome alrededor de dos meses.

C. <u>Fortalecimiento</u>. En esta etapa la célula se desarrolla y logra consistencia en términos de asistencia y participación de los miembros. El grupo se siente acoplado y se reúne cada semana sin dificultad. El equipo de trabajo está funcionando y trabajando de forma productiva y unánime. Esto se ve durante el cuarto y quinto mes de formada la célula.

D. <u>Crecimiento</u>. Los miembros ya invitan a otras personas a la reunión porque están preocupados por alcanzar a otros. El grupo experimenta una expansión que empieza a suceder entre el sexto y noveno mes de fundada la célula. Se puede decir que la célula ha llegado a la madurez durante este tiempo.

E. <u>Multiplicación</u>. La célula estará en condiciones de multiplicarse y dar origen a una nueva célula más o menos al año o año y medio de fundada. Ese es un tiempo promedio para lugares como Estados Unidos. En América Latina este proceso es más rápido ya que se produce entre seis a nueve meses en promedio. En todo caso, una célula que ya ha experimentado un crecimiento en donde se observan de diez a quince asistentes regulares, está en condiciones de multiplicarse si es que ha pasado por las etapas mencionadas.

Obstáculos para la multiplicación de las células

Muchas células no llegan a multiplicarse y se convierten en células estancadas. Hay otras que tardan mucho más de dos años para lograr la primera multiplicación. Hay varias razones para estos estancamientos y retrasos:

A. <u>Falta de énfasis</u>. Esta puede ser la primera razón. El líder no ha hecho el suficiente énfasis en la necesidad de la multiplicación o quizás no lo ha hecho nunca. Por lo tanto, el grupo no tiene clara esa visión fundamental. Los hermanos no ven la necesidad de multiplicarse porque nunca se les ha hablado del tema.

B. <u>Disfrute exagerado de la comunión</u>. Algunos autores lo llaman «koinonitis». Se produce cuando el grupo está tan satisfecho con la comunión mutua, que se resiste a la multiplicación para no dejar entrar a otras personas y menos para multiplicarse. Es importante aclarar que la comunión es uno de los propósitos de la vida celular y debe ser un estado normal dentro de la célula. Pero cuando esa comunión se convierte en un obstáculo para la evangelización y la multiplicación, entonces viene a ser un problema. Cuando el grupo se siente tan a gusto entre ellos que se resiste a la multiplicación, están resistiéndose al propósito de Dios de alcanzar a otros con el mensaje de Cristo.

C. <u>Miedo a la desintegración</u>. Algunos líderes tienen temor de que su célula se desintegre al momento de multiplicarse. Piensan que una disminución del grupo podría ser el principio de su desaparición. También se tiene temor de perder miembros claves al dejar que vayan a formar otras células. A ellos les falta la confianza en la obra que Dios puede seguir haciendo entre ellos. Ellos deben recordar que la multiplicación es parte de la voluntad de Dios para su Iglesia, y que por lo tanto, los cristianos estamos preparados para multiplicarnos porque ese es el diseño de Dios para su Iglesia.

D. <u>Efecto del grupo grande</u>. Muchos líderes se sienten muy satisfechos con el crecimiento del grupo y por eso desean mantener el grupo creciendo hasta donde sea posible. Sin embargo, esto puede ser contraproducente debido a que los grupos que se mantienen grandes por mucho tiempo, dejan de crecer e incluso pueden empezar a decrecer y así pierden el «momento» de multiplicarse. De hecho, si el líder no cuida al grupo para que continúe un desarrollo dinámico, puede incluso perder el impulso y no solo estancarse, sino que también puede llegar a desaparecer.

E. <u>Falta de un líder capacitado</u>. Este es uno de los obstáculos más comunes que impiden el crecimiento de las células. Cuando el líder del grupo no prepara a otra persona que podría llegar a ser un futuro líder, el proceso de multiplicación se estanca. Sin futuros líderes preparados no puede haber multiplicación.

Factores multiplicadores de las células

A. <u>Intención</u>. Para multiplicarse como células es preciso quererlo. Lo primero es la intención, luego la acción. El líder y su grupo deben entender la necesidad de la multiplicación dentro del contexto de la salvación de las almas. La multiplicación favorece la evangelización y la conversión de nuevas personas. Ese es el contexto fundamental bajo el cual se debe entender la multiplicación.

B. <u>Énfasis</u>: Un énfasis adecuado en este tema es requerido desde el principio. Es preciso que el grupo entienda desde su mismo origen que uno de los objetivos de la célula es alcanzar nuevas familias y vecindarios, entendiendo el proceso de multiplicación como parte del crecimiento requerido para cada célula sin distinción. Para lograr ese propósito es importante compartir la definición de células y algunos de sus conceptos básicos para que todos entiendan claramente la visión desde el principio.

C. Oración: Por otro lado, no habrá multiplicación sin oración ferviente. No podemos depender de nuestros recursos para multiplicarnos, sino de la gracia y los recursos de Dios. La Biblia nos recuerda que «...la salvación pertenece a nuestro Dios...» (Apoc. 7:10), y que «el crecimiento lo ha dado Dios» (1 Cor. 3:6-7). Él es el único que cambia, transforma y perdona a los seres humanos. Nuestra obligación es orar para que Dios intervenga en la vida de aquellos que quiera atraer a Él, incorporando nuevas personas a la célula.

Oremos al Señor y pidámosle que bendiga la multiplicación del grupo. Pidamos que haya en nosotros una sana preocupación por la gloria de Cristo en la cruz y que el anhelo por propagar su mensaje se apodere de todos los miembros. Oremos para que el Señor quite cualquier resistencia que haya en el grupo para con la multiplicación. Cuando Nehemías tenía ante sí el desafío de ir a Jerusalén a reconstruir los muros de la ciudad, necesitaba del permiso del rey para poder ir. Por eso oró a Dios pidiendo el «éxito» de la misión y el Señor se lo concedió. Recibió el permiso del rey y pudo concretar la tarea que el Señor le encomendó. Nosotros no debemos dudar de poner en oración la multiplicación del grupo celular.

D. Evangelización: Pero junto con la oración fervorosa, toda multiplicación también requiere de evangelización constante. El líder y el grupo deben ocuparse de la visitación y del alcance de nuevas personas. La evangelización personal y grupal tiene que ser una constante en la vida de la célula. Es oportuno recordar una frase que dice, «oremos como si todo dependiera de Dios y trabajemos como si todo dependiera de nosotros». No olvidemos que «visión sin acción es ilusión». Podemos establecer metas y propósitos que fomenten la acción evangelizadora. Un trabajo continuo de evangelización en la célula traerá multiplicación.

E. Discipulado: La célula debe ser diligente en la atención de todos los miembros, en especial debe preocuparse por la consolidación en la fe de los que se inician en el camino de Dios. No olvidemos que la evangelización no termina con la presentación de las buenas nuevas y la profesión de fe de los hermanos nuevos. Debemos prestar atención a las necesidades de las personas nuevas y ayudarlos a crecer espiritualmente. Hay que asegurarnos de que se sientan parte de la célula y de que les estamos prestando la atención necesaria.

F. Preparación de un líder: Como ya lo hemos mencionado, otro factor fundamental para la multiplicación es la formación de un líder aprendiz dentro de la misma célula. El líder debe orar para identificar a un líder potencial desde el mismo momento de inicio de la célula. Una vez que esa persona ha sido elegida, se debe establecer una relación estrecha de amistad con él, y al mismo tiempo, se le debe ir compartiendo las tareas de dirección de la célula bajo la supervisión del líder, instruyéndole sobre los principios que sustentan el trabajo celular. Esa persona se forma con el objetivo de que pueda llegar a ser el líder de una nueva célula. Sin la formación de un nuevo líder, la multiplicación sería deficiente y hasta imposible.

G. <u>Fecha precisa</u>: Es importante que el principio de multiplicación pueda ser establecido como una meta precisa y en una fecha posible determinada de antemano. Es bueno que el grupo tenga metas claras de consolidación, evangelización y también que establezca una fecha para la multiplicación. El grupo saliente podría reunirse durante una o dos semanas en la misma casa si es que hay suficiente espacio, o podría hacerlo al mes siguiente de la inauguración del grupo nuevo para compartir juntos y tener comunión entre los hermanos. Sin embargo, se debe tener presente que se trata de una célula independiente, que después de este momento inicial no existe ningún tipo de subordinación y que deben desarrollar su trabajo de manera separada.

Los dos tipos de multiplicación de las células

A. <u>Por reproducción</u>. Este tipo de multiplicación de células consiste en formar dos células de la célula original que sean prácticamente del mismo tamaño. Por ejemplo, una célula que tiene 14 participantes, se organiza en dos células de 7 personas, o una de 13 en dos de 7 y de 6 personas.

B. <u>Por implantación</u>. Este tipo de multiplicación de células ocurre cuando dos o tres de los miembros de la célula original se trasladan a otro vecindario donde hacen nuevos contactos y forman un nuevo grupo celular. Por ejemplo, una célula que tiene diez personas decide enviar a dos o tres de sus miembros a otro sector o vecindario con el propósito de formar un grupo nuevo.

La multiplicación es posible

Volvamos al concepto de que no todos los campos van a producir la misma cosecha porque unos serán más abundantes que otros. Sin embargo, todos pueden ser sembrados y de todos se puede esperar algún tipo de cosecha. Siempre será posible conseguir fruto si es que trabajamos con sabiduría, persistencia y bajo la soberanía de Dios.

El testimonio de la evangelización y multiplicación en América Latina, África y Asia indica que por la gracia de Dios, en esos lugares la multiplicación es más rápida y numerosa. En lugares como Estados Unidos y Europa, se produce de manera más lenta, pero también ¡se produce! Es decir, en cualquier lugar donde la iglesia de Jesucristo predique el evangelio se cosecharán resultados.

Por lo tanto, tenemos la confianza en el Señor de que la multiplicación de células es posible en todos los lugares de la tierra. Solo hay que sembrar la Palabra de Dios que nunca volverá vacía (Isa. 55:11). Pero no debemos olvidar otro principio bíblico elemental: «el que siembra escasamente, también segará escasamente» (2 Cor. 9:6).

Una abundante cosecha requiere de una abundante siembra. Esto demanda esfuerzo, trabajo y constancia, pero al final valdrá la pena. La multiplicación es posible si todos hacemos nuestro trabajo.

PREGUNTAS DE REPASO

1. ¿Por qué es importante, desde el punto de vista bíblico y práctico, la multiplicación de las células?

2. ¿Cuáles son las etapas en la vida de las células?

3. ¿Qué obstáculos podemos enfrentar para multiplicar las células?

4. ¿Qué factores pueden contribuir a la multiplicación de las células?

5. ¿Cuáles son las formas de multiplicación de las células?

6. ¿Es posible la multiplicación? ¿Cómo?

CAPÍTULO 12

La supervisión
de las células

E l Éxodo narra la historia de la visita de Jetro a Moisés. El suegro del legislador escuchó todas las cosas que Dios había hecho con los israelitas y además vio que Moisés se sentaba «...a juzgar al pueblo [...] desde la mañana hasta la tarde» (Ex. 18:13). Este enorme esfuerzo lo llevó a sugerirle a Moisés que buscara entre el pueblo a jefes de grupos de 10, de 100 y de 1000 que atendieran al pueblo, y que él se dedicara a enseñar los mandamientos y atender los asuntos más importantes que hubiera en el pueblo.

Jetro ayudó a Moisés a crear un sistema de supervisión delegada que le permitía aliviar la carga de su labor, involucrar a otros en tareas de responsabilidad, y a la vez supervisar al pueblo para satisfacer sus necesidades.

Cuando una iglesia desarrolla un sistema de trabajo basado en células, necesita crear un sistema de supervisión que le permita aliviar las tareas del líder o pastor, involucrar más personas en labores de responsabilidad y liderazgo, y así atender las necesidades de la gente y velar por la labor de los grupos celulares.

De esto se desprende un principio muy importante: El sistema celular no funciona si no tenemos una buena estructura de supervisión.

Bajo este enfoque, todas las personas están bajo supervisión o atención de alguien. No se trata simplemente de un control administrativo, sino que también los miembros de la iglesia se cuidan unos a otros, y a la vez ellos son supervisados por otros miembros y por el líder dentro de la célula. Los líderes, al mismo tiempo, están siendo supervisados por otros líderes que pueden ser llamados líderes de zonas o áreas. Esos líderes de áreas, a su vez, serán cuidados por los pastores o el pastor de la congregación. Aun el pastor o los pastores buscarán la asesoría de otros hombres expertos en los temas que ayuden a mejorar su trabajo.

Fundamento bíblico

Jesús con los discípulos.

El Señor supervisó a sus discípulos. Los Evangelios nos dicen que, «...estableció a doce, para que estuviesen con él, y para enviarlos a predicar» (Mar. 3:14). Estos hombres fueron instruidos para realizar tareas específicas y también fueron instruidos en las verdades del Reino de Dios y en sus valores. El Señor Jesucristo también los envió en una misión, y a su regreso ellos le informaron de los resultados de su trabajo (Mar. 6).

Lucas nos informa de la misión encomendada por Jesús a setenta de sus discípulos. El Señor les dio instrucciones específicas de la tarea que debían realizar. Cuando ellos regresaron de la labor, informaron a Jesús y el Señor les dio no solo palabras de aliento, sino también de corrección (Luc. 10).

Los Evangelios nos muestran al Señor Jesucristo enseñando a sus discípulos, corrigiéndolos y haciéndose acompañar por ellos, en especial por un grupo íntimo de tres (Pedro, Jacobo y Juan). Esta relación cercana permitía que pudieran ver y aprender del maestro cómo realizar el ministerio. Estos hombres se convertirían más tarde en las columnas de la Iglesia; el fundamento sobre el cual el edificio de la primera iglesia se levantó.

Pablo con su equipo.

El apóstol de los gentiles es otro ejemplo claro del patrón bíblico de supervisión. Luego de haber concluido su primer viaje misionero, Pablo regresó a la iglesia de Antioquía en donde se regocijó con los hermanos por los frutos de la obra realizada (Hech. 14:24-28). Cuando iba a iniciar su segundo viaje misionero, vemos cómo la intención de Pablo era, «...visitar a los hermanos en todas las ciudades en que hemos anunciado la palabra del Señor, para ver cómo están» (Hech. 15:36). En cada uno de los lugares que visitó con Silas y Timoteo fue estableciendo ancianos o pastores.

Pablo estaba supervisando las diferentes iglesias que había plantado y estaba organizando sus tareas y su liderazgo. Más adelante, cuando conformó un equipo de trabajo, vemos al apóstol enviando a sus colaboradores a supervisar y a entrenar a los líderes de las iglesias. También leemos en sus cartas a Tito y a Timoteo, sobre las instrucciones que les dio para el buen desempeño y éxito del trabajo ministerial.

En estos dos ejemplos de la Escritura encontramos un fundamento claro para decir que la tarea de la labor de la iglesia basada en células debe ser supervisada. De hecho, la palabra «obispo» significa «supervisor».

La necesidad de la supervisión de las células

El trabajo con las células requiere de un sistema bien organizado de supervisión y cuidado. A muchos pastores les preocupa el sistema de la iglesia basada en células porque temen que surjan líderes fuertes que trabajen de forma aislada y puedan terminar dividiendo una parte de la iglesia.

Esta posibilidad de división se minimiza si existe en la iglesia un sistema de trabajo que incluya la organización y supervisión de las células y sus líderes. Cuando el pastor y los líderes realizan una labor continua y estrecha de supervisión, los riesgos de la división se reducen al mínimo.

Este sistema de organización y supervisión ayudará a asegurar que todos los líderes de células vayan en la misma dirección y contribuirá finalmente a **fortalecer la unidad**. Un líder elegido es entrenado en los principios del trabajo con células y se busca que se comprometa a trabajar dentro de esos criterios y principios, respetando a las autoridades establecidas dentro de la iglesia. Estos son principios que son de cumplimiento obligatorio y deben hacerse respetar para mantener el orden y la unidad dentro de una iglesia con un fuerte ministerio celular.

Cualquier líder de células, anfitrión de un hogar o miembro del equipo que contravenga los principios establecidos por la iglesia y su ministerio pastoral, será llamado a dar cuentas de su actitud y debidamente corregido en amor, pero con firmeza. Si insiste en su desacato será separado de sus funciones. Esto es algo con lo cual no se puede ceder de ninguna manera. La supervisión ayuda a asegurar que todos los líderes de células estén enfocados en la misma visión y misión, y compartiendo, respetando y promoviendo los mismos principios. En el trabajo de la iglesia y en particular en la estructura celular de la congregación no hay lugar para la rebeldía ni espacio para la insubordinación.

La supervisión nos permite evaluar al líder y asegurarnos de que esté trabajando dentro de los criterios, la filosofía y la doctrina de la iglesia local y de sus pastores. Además, esta **evaluación** nos ayudará a saber si el líder está cumpliendo con su labor y llevando a cabo las tareas que se esperan que realice. En caso contrario, nos permitirá ayudarlo a corregir aquellas áreas en las que se encuentre alguna deficiencia.

Si la iglesia ha establecido objetivos y metas para el desarrollo, crecimiento y multiplicación de células saludables, la supervisión periódica nos ayudará a saber si estos objetivos y metas se están cumpliendo. Este es uno de los aspectos más importantes de la supervisión, debido a que la evaluación y examen del trabajo de cada líder entregará una medida de la marcha de la labor y permitirá saber qué hay que corregir o reforzar.

Otra de las razones de la supervisión en la iglesia basada en células es que permite **animar, cuidar y estimular al líder**. Todo cristiano en una posición de liderazgo enfrenta retos en su vida personal y familiar, y necesita ser cuidado y fortalecido. No olvidemos que estamos en una lucha espiritual y que los hermanos más comprometidos con el trabajo del Señor son el blanco de las artimañas del enemigo. Una supervisión activa nos permitirá conocer cuáles son las luchas del hermano y cómo podemos ayudarle y animarle.

También el líder puede estar enfrentando algunas dificultades en su labor al frente de la célula. Es posible que esté teniendo problemas para animar al grupo a evangelizar, o dificultades con la puntualidad o con el orden de las reuniones. El conocer por lo que está atravesando permitirá que le ayudemos a resolver las dificultades que enfrenta en la marcha de la célula.

La supervisión permite ayudar al líder a resolver casi de inmediato sus problemas y retos.

Por otro lado, un buen sistema de supervisión puede ser aprovechado para **entrenar** teniendo algunos períodos de instrucción. Cuando el pastor y los líderes de niveles de supervisión dentro de la estructura de las células se reúnen con regularidad para analizar la supervisión, pueden aprovechar este tiempo tanto para animar, como para instruir y enseñar. Cada una de esas reuniones proveerá diferentes ocasiones para entrenar, mejorar o recordar los principios ya enseñados entre los líderes.

Esas mismas reuniones de supervisión pueden servir también como espacios para **planear** el trabajo, porque la planeación es un elemento importante para la tarea de supervisión. Cada vez que los líderes se reúnan en sus diversas instancias de trabajo, no solo hacen el trabajo y lo evalúan, sino que en base a esa evaluación planifican lo que sigue más adelante. Las reuniones de supervisión proveen una excelente ocasión para actualizar las metas, reforzar el trabajo y desarrollar planes de acción específicos en los que los líderes y los miembros de la célula se ocuparán en las próximas dos o cuatro semanas siguientes. Sin lugar a duda las reuniones de supervisión proporcionan una buena oportunidad para nuevos comienzos que siempre tendrán buenas bases.

La supervisión en la práctica

El pastor que cuenta con unas pocas células debe realizar esta tarea él mismo. Podría tener **reuniones periódicas** cada semana para evaluar, animar e instruir a sus líderes. Cuando las células empiezan a multiplicarse y la supervisión personal semanal se va haciendo cada vez más difícil, entonces el pastor puede entrenar líderes en posiciones intermedias que le ayuden en la tarea de supervisar a los demás líderes.

Estos líderes intermedios deben ser escogidos entre los líderes más efectivos. Ellos deben ser entrenados por el pastor para que puedan realizar con efectividad la tarea que se espera de ellos. Luego se les puede asignar para su supervisión de tres a cinco líderes de células. De esta manera, el pastor puede reunirse con los líderes intermedios supervisores una o dos veces al mes y con todos los líderes de células de forma más espaciada.

Esa fue mi propia experiencia personal cuando comencé a implementar el sistema de células en mi iglesia. Cada semana me reunía con los diez o doce líderes de células de ese tiempo. Durante la reunión compartíamos las experiencias y les daba las instrucciones para la siguiente semana. A medida que el trabajo fue desarrollándose y las células se multiplicaban, se hacía cada vez más difícil encargarme solo de esta tarea. Por esa razón, entrené a un grupo de líderes intermedios a quienes les encargué la tarea de supervisar la labor de cuatro o cinco líderes de células por cada uno de ellos.

Ahora me reúno una vez al mes con este grupo de líderes supervisores y una vez al mes con todos los líderes de células. Los líderes de nuestros diferentes sectores deben tener también una reunión con los dirigentes a quienes supervisan. De esa manera, estos líderes de células se reunirán dos veces al mes con sus respectivos líderes y con el pastor.

Muchas iglesias organizan la supervisión creando grupos divididos por áreas geográficas. De esa manera al líder supervisor se le asignan las células y líderes que están más próximos geográficamente al área donde vive. Otras los organizan por relaciones. Es decir, un líder que ha supervisado a otro que ha salido de su propia célula o a quien ha discipulado. Lo que se quiere es mantener las relaciones y vínculos previamente establecidos sin tomar en cuenta las áreas geográficas donde opere cada uno. También hay iglesias que crean un sistema de supervisión que gira alrededor de células homogéneas. Cuando las células se multiplican se pueden crear supervisores de zonas o pastores zonales que se encarguen de varios grupos de líderes zonales de hasta de cincuenta células. Las zonas pueden establecerse por la geografía, las relaciones o por la homogeneidad de los grupos.

En nuestra iglesia tenemos supervisores por cada cinco células a quienes llamamos «líder de circuito». Ellos se reúnen con sus líderes de células dos veces al mes. Yo me reúno con ellos una vez al mes y con todos los líderes al final de cada mes. Uno de los requisitos para mantenerse como líder de una célula es asistir con regularidad a las reuniones de supervisión.

Durante las reuniones de supervisión se tiene un tiempo de adoración al Señor y un tiempo de oración por las necesidades personales y del ministerio. Luego se toma un tiempo para testimonios de inspiración y se comparten los desafíos que se están enfrentando. También se apartan unos minutos del programa para alguna instrucción particular o un mensaje de inspiración. Es importante pasar revista a la marcha de cada célula y al trabajo de cada líder. Otra forma útil para efectuar la supervisión es a través de reuniones personales y visitas no anunciadas a las células de los líderes bajo supervisión.

Una supervisión efectiva no solo es posible a través de reuniones del líder de circuito con sus cuatro o cinco líderes de célula, sino que al mismo tiempo, puede ser hecha a través de **medios de comunicación electrónica,** y por supuesto, mediante **reuniones en persona** con cada uno de ellos. El líder de circuito podría reunirse con uno o dos de sus dirigentes de célula una vez a la semana. Ellos podrían desayunar o comer juntos, compartiendo un tiempo informal que proveerá cercanía entre ellos y ánimo a través de la oración y el contacto personal.

Finalmente, es importante recalcar que, aunque el **pastor** delega las funciones de supervisión a líderes calificados y pastores asociados, nunca delega el liderazgo del sistema de células. El éxito del sistema de trabajo con células depende en buena medida de la presencia y el liderazgo del pastor, quien debe mantener y promover la visión que Dios le ha entregado para la iglesia.

Si el pastor está convencido de que el trabajo celular es la manera en que Dios lo está guiando a trabajar con la iglesia, entonces debe poner manos a la obra sin dudar. Lo importante es que mantenga el liderazgo y la presencia cercana todo el tiempo, porque el pueblo de Dios seguirá al pastor. Si la congregación nota que su pastor no participa en el trabajo celular de manera personal ni tampoco lo lidera, entonces concluirán que no es importante y eso puede hacer que decaiga el trabajo o que no estén dispuestos a participar en las células.

Les reitero que el rol del pastor es decisivo en la marcha de todo el trabajo celular. El pastor debe ser perseverante y activo, y debe estar listo para hacer ajustes y cambios cuando sea necesario, pero lo más importante es que sea persistente en la labor. Es posible que los resultados no sean instantáneos, pero sí serán duraderos.

PREGUNTAS DE REPASO

1. ¿Cuál es la base bíblica para la supervisión de las células?

2. ¿Por qué es necesaria la tarea de supervisar las células?

3. ¿Cómo se puede llevar a cabo la supervisión de las células?

CAPÍTULO 13

Anotaciones finales

E

l trabajo con células era visto con sospecha por algunos sectores de la iglesia hace más de veinte años. Muchos cuestionaban su validez teológica y algunos excesos cometidos por algunos de sus promotores contribuyeron a reforzar esa mala impresión. Sin embargo, hoy en día esas opiniones negativas han sido despejadas y muchas iglesias y pastores emplean el modelo de células en las casas mientras desarrollan también el trabajo en el templo. Beckham llama a ese doble énfasis del trabajo en la iglesia «la iglesia de las dos alas».[1] Lo cierto es que ahora al trabajo celular se le acepta como válido tanto bíblica como teológicamente. Muchas iglesias de todas las denominaciones y tamaños en todo el mundo emplean con efectividad este modelo de iglesia.

Es evidente que no siempre las iglesias que hablan de células o grupos pequeños (como se le denomina comúnmente)

---

1. William Beckham. *La Segunda reforma* (Barcelona: Editorial CLIE, 2004), pp. 27-36.

están hablando del mismo concepto, tal como ya se ha subrayado en otro capítulo de este libro. Por eso es bueno volver a recalcar que se debe partir de una definición clara de lo que son los grupos pequeños o células, y que esa definición básica debe incluir los conceptos del tamaño del grupo, el lugar de reunión fuera del templo, la frecuencia de las reuniones semanales y los objetivos de edificación, comunión y evangelización, con miras a multiplicar los grupos. El experto celular, Joel Comiskey, insiste en este asunto y creo que tiene absoluta razón.

Comenzar y desarrollar el trabajo celular

Una iglesia basada en células se puede desarrollar con efectividad en una iglesia cuyo enfoque esté basado en programas o ministerios. Lo que quiero decir es que una iglesia cuya estructura esté organizada en torno a programas, departamentos o ministerios, puede hacer una transición hacia una iglesia basada en células, pero será necesaria una gran dosis de paciencia y trabajo sostenido para llevarla a cabo y hacerla una realidad.

Es muy importante que el pastor y los líderes comprendan bien los principios y el funcionamiento de la iglesia basada en células antes de empezar a trabajar. Es fundamental que se familiaricen con libros como este y la abundante literatura publicada por Comiskey, Beckham, Neighbour y otros autores que se han dedicado a estudiar este tema. Una vez que el pastor y sus líderes escogidos de la iglesia para desarrollar el ministerio pastoral se han empapado con el tema y lo comprenden bien, se pueden dar los pasos siguientes para el establecimiento del ministerio.

Beckham, en su libro *La segunda reforma*,[2] sugiere que luego que los pastores y líderes han estudiado los principios de la iglesia basada en células, ellos mismos pueden experimentar por sí mismos la célula durante varios meses. Luego se podría sugerir a los líderes que comiencen sus propias células y allí en adelante se puede iniciar un movimiento que poco a poco abarque toda la iglesia.

El ministerio *Oikos* desarrolla lo que denominan como un «año de transición» con materiales escritos por el Dr. Neighbour y otros autores. Los pastores y líderes desarrollan con este entrenamiento una comprensión de los principios de la iglesia celular que los capacita a moverse gradualmente en este proceso.

Otra manera de comenzar el ministerio de células es cuando el pastor, una vez que haya comprendido los principios y prácticas del enfoque de células, somete a algunos líderes escogidos a un entrenamiento completo del tema y luego los anima a comenzar sus propias células en la iglesia.

Sin importar la forma que escojamos, este proceso siempre debe ser guiado por la oración y mucha comunicación entre las diferentes instancias de la iglesia.

Es preciso que se realicen cambios graduales y ajustes sobre la marcha mientras se desarrolla el modelo. Nunca se debe trasplantar un modelo al detalle, sino que más bien, se deben emplear los principios y prácticas buscando contextualizarlos a su propia realidad. Comiskey insiste que no se trata de adoptar un modelo, sino de adaptar sus principios a la realidad particular de cada iglesia.

Es común ver a ciertos pastores que se entusiasman con el desarrollo de una iglesia y quieren adoptar todas sus prácticas

---

2. William Beckham. Op. Cit. pp. 177-209.

y trasplantar por completo su estilo a sus iglesias. Ese impulso debe evitarse a toda costa. Es importante considerar que esas iglesias con modelos exitosos han pasado por procesos particulares que no se pueden replicar y que muchas veces se desconocen o no están explicados en toda su complejidad y diversidad. Es evidente que un modelo no puede ser replicado por completo, sino que siempre debe contextualizarse, guardando siempre los principios que sostienen tal formato.

Lo que quiero decir es que siempre es evidente el resultado del trabajo, pero no siempre se conoce cómo es que se llegó a ese punto. Cada iglesia tiene su historia y sus particularidades. No podemos pretender calcar las acciones de otros líderes puesto que nosotros tenemos nuestra propia personalidad, circunstancias, llamado y estilo propio.

El trabajo en células se debe constituir como la columna vertebral del trabajo de la iglesia para que este enfoque sea más efectivo. Se debe priorizar esta labor, y por lo tanto, es preciso que el pastor y los líderes reduzcan muchas de las actividades que se realizan en el templo a fin de dar más tiempo a las labores de este ministerio.

La iglesia debe simplificar su organización y su agenda con el fin de priorizar el trabajo de las células. Se tendrá que decir que no a muchas de las actividades que puedan competir en tiempo y recursos con la tarea de las células. Por demás está decir que considero un error el pensar que las muchas actividades dentro de la iglesia implican desarrollo o crecimiento. Por el contrario, lo que ocurre a menudo es que las tareas se dispersan y la iglesia se desenfoca de su verdadera visión y misión. Por otro lado, hay que reconocer que los recursos humanos y financieros son limitados y por eso deben emplearse de manera prioritaria en el enfoque fundamental de la iglesia.

Muchas actividades consumen el tiempo de los miembros y ellos terminan sin tener el tiempo para el desarrollo del ministerio de discipulado y evangelización, que son muy necesarios para la vitalidad y el crecimiento de la iglesia. Cuando se organiza el trabajo en células es importante establecer límites, evitando la multiplicidad de actividades que, aunque pudiendo ser buenas, distraen de la tarea básica como iglesia.

Una vez que el sistema de trabajo en células está en marcha, se debe pedir a todos los miembros sin excepción que participen en alguna célula. La prioridad del ministerio de la iglesia debe ser el trabajo celular. Se le requerirá a todo líder de otros ministerios de la iglesia que esté activo dentro del trabajo con células, como miembro de un equipo o líder de una célula.

Así es como trabajamos en nuestra iglesia local: Se le pide a cada miembro que se incorpore a una célula. Es posible que algunos de ellos tengan alguna dificultad por razón de sus horarios de trabajo o de su ubicación geográfica. Pero en sentido general se espera de cada miembro de la iglesia que sea un miembro activo de una de nuestras células. Este es un requisito de nuestra membresía y se procura asignar cada nuevo creyente a una célula que le quede cerca de su domicilio (si es que no procede ya de alguna).

También se le demanda a cada persona que trabaja en un ministerio de la iglesia, como por ejemplo, maestro de las clases de niños, maestro de la clase de discipulado o participante en el ministerio de adoración, que se incorpore a una de las células o que dirija alguna. Este es un requisito básico para todo personal de la iglesia.

Por último, hay que recalcar nuevamente la importancia del pastor como líder de la iglesia. Se debe ver el liderazgo entusiasta del pastor en el trabajo en células para que puedan seguirlo con entusiasmo. Esta tarea nunca se delega a otra persona, sino que depende y debe ser llevada por el pastor de la iglesia. Lo anterior no significa que el pastor no tenga que capacitar a otros líderes a los que involucrará en las tareas de supervisión y dirección del trabajo con las células.

El pastor es el líder principal de la iglesia y debe proveer de dirección a todo el trabajo con las células. Bajo la premisa de que la iglesia es la iglesia tanto cuando está congregada en el templo como cuando está reunida en las células, el pastor debe darle dirección tanto en su vida congregacional en el templo como en la vida de iglesia que se desarrolla en las células.

Los miembros de la iglesia seguirán a su pastor y si él se desliga del trabajo de células, o si no lo promueve con entusiasmo, lo supervisa y lidera, los miembros de la iglesia llegarán a la conclusión de que el trabajo con las células es bueno, pero no fundamental para la vida de la iglesia y perderán rápidamente el entusiasmo para participar de forma comprometida en la vida de las células.

Aunque el crecimiento de la obra requiera de la participación y supervisión de otros pastores de zona o de área (según la nomenclatura que utilice cada iglesia), el liderazgo de todo el ministerio de la iglesia siempre ha de recaer sobre el pastor principal, y por lo tanto, siempre deberá proveer la dirección del enfoque de trabajo con las células dentro de la iglesia. Esto es vital para el crecimiento del trabajo con las células.

Comenzar nuevas iglesias a través de las células

Muchas iglesias han demostrado que el trabajo con grupos celulares es utilizado para la fundación de nuevas iglesias. Conozco una iglesia que planta una nueva congregación cada vez que hay 30 o más miembros residentes en una ciudad del estado. Lo primero que se hace es organizarlos en varias células y comenzar los servicios dominicales semanales. Comiskey sugiere que al comenzar una plantación con un trabajo celular, el enfoque debe ser llegar a establecer unas cinco a diez células antes de comenzar cultos semanales. Así se contará con unas 50 a 100 personas para cuando se comience la iglesia de manera formal. Esto demandará mucho trabajo de evangelización personal, entrenamiento y desarrollo de nuevos líderes. Es probable que al cabo de dos años se pueda dar inicio a la nueva congregación.

Comenzar y terminar con el poder de Dios

Se atribuye a Guillermo Carey una frase que dice algo como esto, «emprendamos grandes cosas para Dios, esperemos grandes cosas de Dios». La capacidad para que se operen grandes cosas en las vidas de las personas depende por completo del poder y la obra del Espíritu Santo en cada una de ellas. De allí se desprende que todo el proceso de transición y desarrollo de una iglesia basada en células, así como la formación de nuevas iglesias, dependen del poder de Dios.

Volvemos a repetir que es necesario que acompañemos todo este proceso con oración, humillación delante de Dios y fe en sus promesas. El poder y la victoria son de Dios. El pastor y los líderes deben perseverar en su dependencia del Señor en medio de los desafíos y obstáculos que se presenten en el camino y deben estar convencidos de que actúan dentro de la voluntad de Dios. No habrá victoria o crecimiento fuera de la voluntad de Dios y su intervención soberana.

Las células no son una moda temporal, sino que tengo la convicción de que son la manera de trabajo de la iglesia a la luz del Nuevo Testamento. Por lo tanto, el pastor y los líderes deben persistir en desarrollar un ministerio que sea acorde al patrón bíblico que encontramos en el Nuevo Testamento. Es verdad que no se levanta un edificio en un solo día. Se requiere de un trabajo a largo plazo. Paciencia, pasión y persistencia son cualidades importantes en esta labor. Hay que pedirle gracia al Señor para seguir adelante de manera persistente, confiando en el poder de Dios para seguir caminando de triunfo en triunfo en Cristo Jesús (2 Cor. 2:14).

Se dice que cuando se filmaba la película Ben-Hur, el actor Charlton Heston no sabía cómo conducir bien un carruaje a caballos. Hubo un momento en la carrera en que debía competir con un rival y ganar la carrera. Conociendo las deficiencias del actor, el director que conocía los trucos de cámaras que podían hacerse, le dijo al preocupado actor «tu mantente en el camino, que el que tú ganes, depende de mí».

> «Así que, hermanos míos amados, estad firmes y constantes,
> creciendo en la obra del Señor siempre, sabiendo que vuestro trabajo en el Señor no es en vano»
>
>   (1 Cor. 15:58).

¡La victoria pertenece al Señor!

Preguntas de Repaso

1. ¿De qué maneras podemos comenzar las células en la iglesia?

2. ¿Qué tan importante es entender los principios de las células en vez de solo tratar de imitar los métodos?

3. ¿Qué papel deben jugar las células en la estructura y misión de la iglesia?

4. ¿Por qué es tan importante que todos los miembros de la iglesia se incorporen a una célula?

5. ¿Cuál debe ser el papel del pastor en todo este proceso?

6. ¿Cómo se pueden emplear las células para comenzar nuevas iglesias?

7. ¿De qué manera el poder de Dios está disponible para ayudarnos en nuestra tarea?

AGRADECIMIENTOS

Son muchas las personas a las que soy deudor y con las cuales me siento agradecido. En primer término, a mi pastor y padre en la fe, Bill Coffman, quien no solo me guio a conocer a Cristo, sino que fue quien puso en mis manos un libro sobre células en una época cuando casi nadie hablaba de ese tema.

Al hermano Joel Comiskey, un experto en la materia, de quien he aprendido la mayor parte de las cosas que sé sobre los grupos pequeños, y quien todavía me sigue alentando en este camino.

A mi querido hermano, amigo y colega, Otto Sánchez, a cuya permanente insistencia y colaboración debo la decisión de publicar este libro.

A los hermanos de la Primera Iglesia Bautista Hispana de Manhattan, con quienes he recorrido este camino durante más de veinte años y cuyo servicio y amor a la obra de Dios son una fuente de inspiración.

A los editores de B&H por su decisión de publicar este libro y, de forma particular, al hermano José Mendoza por su ayuda en la corrección del manuscrito.

A todos, gracias desde el alma.